寫給公民的 40堂思辨課

公民不下課－著

作者簡介

按姓名筆畫序排列

江玟

國立臺北大學應外系畢業，於國立臺灣大學新聞研究所漫遊中，曾赴卡達半島電視臺實習，現職媒體業。相信新聞跟人類學很像，只有一直在路上，不斷行走、越過自身經驗的邊界，才能認識世界。書寫時總是躊躇，但還是沒放下那枝筆。

吳宜芷

國立臺灣大學地理環境資源學系畢業，輔系歷史學系、法律學系。平日在學校當研究生，假日在教育新創當講師。託學業和工作的福，足跡遍布和平島、眉溪四庄、那瑪夏等地，在乎人、物與地方的連結。

林承賢

國立臺灣大學社會學系及中英翻譯學程畢業，赴法國巴黎第七大學社會學系交換。曾任雜誌編輯、記者、翻譯公司專案專員，現於法商公司從事人力資源工作。譯有《沙灘上的馬克思，生活中的資本論》、《沙灘上的薛丁格，生活中的量子力學》。

高慕曦

國立台灣大學外國語文學系學士、輔修社會學系，現就讀紐約市立大學杭特學院劇場碩士班。曾為二〇二一年國家兩廳院藝術基地計畫青年壯遊成員，駐館進行表演藝術生態、劇場經營的觀察與研究。平時身兼藝術工作者，在翻譯與寫作、戲劇構作與表演藝術等領域持續活動。期望透過參與語文與書寫、教育、藝術與文化等領域的工作和公民計畫，和更多人一起透過創意發展與思辨探索生命的不同可能。

張琇涵

國立臺灣大學外國語文學系及社會學系學士、愛丁堡大學社會學碩士，曾赴西班牙巴斯克政府教育語言文化部參與考古志工團隊，現為外商公司ESG永續投資分析師。關心性別、人權與社會不平等等議題，期待能透過關懷與同理的練習，在日常生活中，和眾人一起更溫柔地去對待異己他人、並進一步探詢不同美好生活的可能。

郭昶欣

國立臺北大學歷史學系、國立臺灣大學國家發展所畢，曾赴日本早稻田大學社會所交換。曾任職於日商顧問公司，現為ESG永續投資分析師。除了環境與永續發展之外，也關心人權與不平等、國際發展援助等議題。希望人類能對地球更加溫柔、對彼此更多同理與寬容。

陳明宗

法國社會科學高等研究院歷史與文明博士生，國立臺灣大學政治學系、所畢業。研究興趣為中國西南少數民族、歷史人類學、法律史、林業史，關心人們如何在社會中創造規則，並與之共存。

陳炯翊

國立臺灣師範大學地理學系畢，考取教師證後成為教育逃兵。曾任農業推廣專員、運動媒體編輯及環境記者，在不同崗位上持續用自己的方式關心臺灣的人事物，現為博物館從業人員，希望這片土地上的一切生命都能和諧地共存共榮。

黃怡菁

國立臺灣大學社會學研究所碩士生，關心貧窮議題、性別議題與社會不平等，碩士論文以臺北無家者社會網絡為題。曾赴法國巴黎高等政治學院擔任訪問學生。願以細膩的觀察與陪伴，與都市邊緣群體共同歡笑與哭泣。

楊岱晴

國立臺灣大學歷史學系及社會工作學系畢業，曾任綠島人權博物館復原計畫歷史研究員，現為出版社編輯。成為終究向資本主義低頭的大人的同時，還是保持著熱愛臺灣人、土地與歷史的初衷。喜歡二次元，也喜歡貓。

蔡承翰

國立臺灣大學政治學系國際關係組及社會學系學士、倫敦大學學院國際規劃碩士。平常關心都市、社會及國際議題，偶爾當個鐵道迷。曾參與臺北公辦都市更新計畫，後來與一群夥伴創立教育新創，志在讓青少年在升學之餘也能認識自己與社會的連結。

推薦序

民主挑戰與公民自由

前促轉會專任委員／**林佳範**

揮別二〇二一迎向二〇二二，全球仍受Covid-19的影響，新的Omicron變種病毒正肆虐各地，雖然多國的人民多數已接種疫苗，但感染率仍在這些國家創新高。英國經濟學人雜誌（The Economist），在其耶誕特刊之Banyan專欄，回顧二〇二一亞洲民主的狀況，其表示就算稱其「民主倒退」（recession）仍過度樂觀，因為如此用語仍預設，會有底部反彈的一天，惟對許多亞洲國家而言，仍過度的認定其發展，蓋許多國家本身即仍未是民主政體，而就算名目上是，許多運作上仍有出現反民主或不民主的作為，如打壓反對或政治異議者等，而臺灣則是罕見的民主明燈（beacon），縱使在中國持續的霸凌下，其並未退縮或倒退。

作為亞洲的民主模範生，在疫情和中國武力的威脅下，我們沒有藉公共衛生或國家安全為理由，而扭曲或擴張憲政民主運作下政府或國家的權力或不當地限制人民的自由或權利；相反地，就在如此的威脅下，我們仍依法進行民主的公民投票，實踐直接民主的「主權在民」。然而，縱使如此，臺灣的民主仍有許多的挑戰，如這次公民投票的過程與結果，即突顯我們的民主，仍受制於「政黨的動員」，而非真正的「人民做主」。公民投票，理應超越政黨，聚焦於特定的公共議題，非如公職的選舉，投票的結果係政黨的競爭，而是由全體人民來承擔自身投票決定的後果。然而，我們必須要問，承擔決定後果的人民，其對於公共議題的認識是否充分？對於不同立場的利弊得失，是否有足夠的理解？或我們的投票，仍取決於對政黨的喜好，或是建立在對於議題的掌握？換言之，公民投票作為政治權利的行使，其不再僅是對於公共職務統治權力的民主同意，其更係公民直接展現其獨立與自主性，蓋將重要的公共決定，直接地交由人民來抉擇。

每一社會的政治、經濟、文化條件均不相同，其政治體制皆受制於各種不同條件之制約而發展，惟就民主政體而言，其更仰賴公民自身的民主素養，蓋其保障人民的自由，更仰賴人民的參與，來維繫其民主體制。換言之，人民若投票選擇家族政治，民主就可能淪為家族封建；人民若投票選擇威權專制政治，民主就可能淪為威權專制；人民若投票選擇民主政治，民主的運作才可能持續；或許每次的投票，每次的公民抉擇，都是公民自身自由的最大賭注，然而，能如此的理解民主與自由的連結，也正是每一民主政體，自身的民主文化挑戰。

前揭 Banyan 專欄也點出亞洲社會民主化的希望，在於年輕的世代。相似地，我們也在這本《寫給公民的40堂思辨課》看到臺灣的民主種子。這本書不是某個人的努力成果，而是社群平台「公民不下課」團隊的合作心血，整本書本身即是網路時代下，公民的公共審議實踐，而希望將民主社會中的眾多的公共議題，帶來更多的公共互動與討論。其議題的層面涵蓋很廣，從個人、社會、全球到制度面，其區分為四：「我們的日常生活：社會與文化」、「社會運作的基礎：國家政策與個人利益」、「地球村的挑戰：全球化與自由不平等」、「迎向更美好的未來：政治與法律制度」，而每個面向含十堂課，共四十課。

在這複雜與變動的年代，民主化所遭受到的挑戰，正如本書所突顯者，其來自各方，有自身的社會文化，乃至全球的政經結構；公民自由的維護，如疫情所牽動的國際局勢發展，我們不可能僅關注在自身或國內的社會。甚者，如本書的團隊所建立的平台名稱「公民不下課」所彰顯，民主體制，不僅是化解衝突或保障平等自由的政治體制，其開放與多元化之民主互動，如杜威所指出，更帶有教育和學習成長的意涵；公民面對眾多的政經、社會、文化等議題，涉身於公共領域的討論，更從面對他者的過程，汲取更多面向的養分，而更能包容與多元地互動參與，因而使社會不斷地凝聚與自我改進；公民唯有在如此的公共審議的過程，不斷地發展自身的獨立與自主性，才能形成民主的公民素養，「人民」的投票才可能真正地「做主」。

民主最大的挑戰，終究仍在民主社會的公民自身的民主素養，其能否真正體認到公民自由的維護，仍需靠自身的公共審議與參與。我們從「公民不下課」團隊，見證如此的民主化實踐，更從《寫給公民的40堂思辨課》看到臺灣民主化前進的力量。

目次

Contents

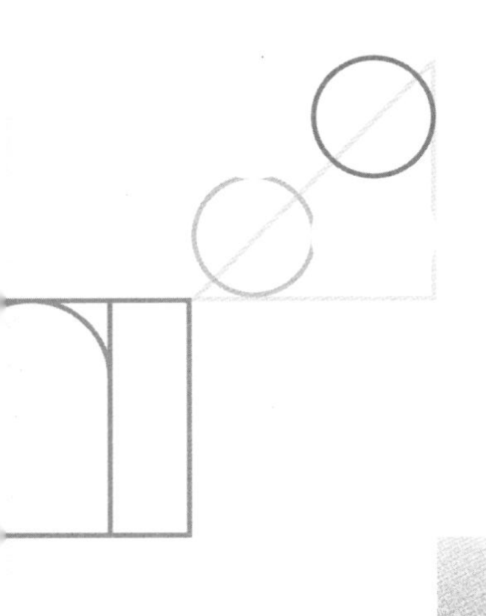

社會運作的基礎——國家政策與個人利益——

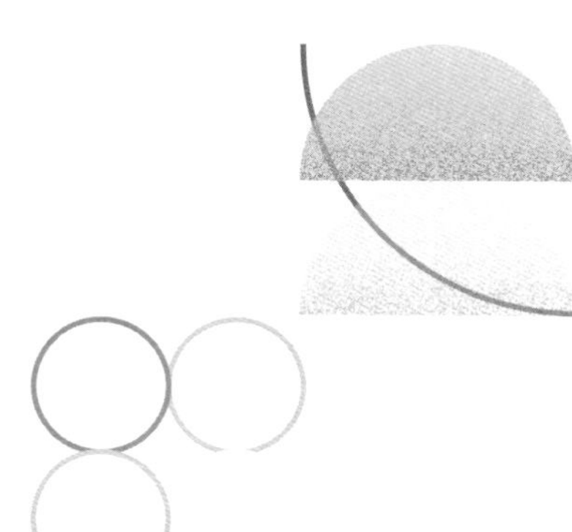

地球村的挑戰——全球化與自由不平等——

迎向更美好的未來——政治與法律制度——

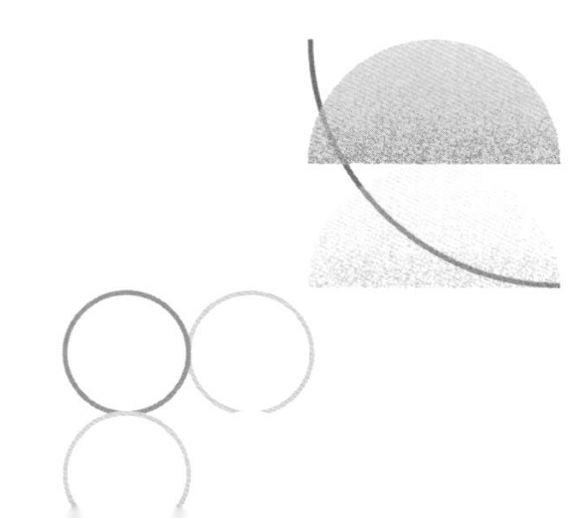

我們的日常生活

——社會與文化——

第1課 從食安到食育——德智體群美和「食農教育」

臺灣近幾年陸續爆發嚴重的食安事件，讓全民對飲食健康議題的關注度逐漸提升，更擴及食品安全、用藥管理、農業推廣、環境永續等面向。「食育」也在近年被世界各先進國家所重視，日本文部省更將「食育」列在德、智、體、群、美五育之後的第六育，並將它納入環境教育課程之中。

食農教育怎麼定義？

「食育」（Syokuiku）一詞，最早出現於日本著名的養生學家石塚左玄在一八九六年與一八九八年的著作《化學的食養長壽論》、《通俗食物養生法》中：「體育智育才育即是食育。」也就是說，在提倡德育、智育、體育的同時，透過實踐來獲取食知識與食能力的教育是必要的，才能成為擁有健康飲食生活的人。

我國行政院農委會二〇一八年提出《食農教育法》第三版草案，將食農教育定義為「培養國民基本農業生產、農產加工、友善環境、食物選擇、飲食調理知能及實踐，透過飲食與農業連結之活動，促使國民重視並支持國產農產品、飲食及農業文化」。

狹義來說，食農教育可透過學習者與農業及食物的生產者互動，認識在地農業，建立正確選擇食物的方式，學習由農業及食物所形成在地文化的過程。從均衡飲食開始，主動探索關心生活周遭的農特產，透過體驗和實做，體會每一餐飯與食材產銷、料理烹調者的緊密關係，培育心存感激的情懷。

廣義的食農教育則可分為八個面向，包含與飲食教育相關的低碳飲食、飲食文化、均衡飲食，以及與農業教育相關的社區產業（包含農村及在地經濟）、食農體驗、全球環境變遷調適（糧食安全），及串聯飲食教育及農業教育的友善環境、食品安全。

日本：食育

日本在二〇〇五年訂定《食育基本法》，成為全球第一個將飲食教育納入法條的國家。每年六月是日本的食育月，每月的十九日則是食育日，食育在日本是一種全人教育，希望培養國民正確的飲食知識還有選擇食物的能力，不只要改善飲食，同時更希望能保存傳統飲食文化，傳承地區特色。

根據《食育基本法》規定，日本政府每年須發表食育白皮書，每五年則應調整食育推廣方向並頒布「食育推廣基本計畫」。

健康飲食是食育的一環。

1. 第一次頒布（二〇〇六年～二〇一〇年）：了解什麼是食育。

2. 第二次頒布（二〇一一年～二〇一五年）：從認識食育到實踐食育。

3. 第三次頒布（二〇一六年～二〇二〇年）：針對肩負教育下一代責任的二十到三十多歲的年輕世代加強推廣。同時也考量日本社會因少子化、高齡化產生的社會結構改變，並持續關心食物循環、減少食物浪費和傳承和食文化。

4. 第四次頒布（二〇二一年～二〇二五年）：全齡推廣、食育在後疫情時代的發展。

日本食育計畫的推動不只是飲食安全政策，其實還與地方營造、農村振興以及農業永續發展有關。日本早在一九九九年即公布《食料．農業．農村基本法》，這套法律旨在確保糧食供給率、振興農業與農村，搭配《食育基本法》後，「食育」與「地產地銷」成為提升糧食自給率的配套項目之一，食育政策因此不只是為了解決當下飲食安全問題而提出的方案，也是日本農業發展策略下的一環。

英國：學會煮二十道菜才能畢業

1. 第一波營養午餐革命

二〇〇五年開始，由英國名主廚、烹飪節目主持人奧利佛（Jamie Oliver）發起「給我好食」（Feed Me Better）運動，希望喚起英國家長、政府與社會，正視學校出了問題的

「營養午餐」，像是冷凍食品太多、加入過量人工色素的高糖分甜點等，進而改善日益嚴重的兒童肥胖問題。奧利佛提出的做法包含學童廚藝、栽種計畫、認識食物等，希望能透過教育讓孩童學習如何挑選正確的食物。但奧利佛的好食運動只成功了一半，他提倡學校提供的營養午餐應該要包含多少份蔬菜、水果，但這份健康菜單並沒有受到吃慣加工食品的孩童的歡迎，部分家長反彈並認為：「孩子有權力選擇他們愛吃的。」也有家長認為飲食是階級問題，窮人家的小孩有得吃就好，吃得營養健康是上流社會跟中產階級才有辦法考慮的問題。

2.第二波營養午餐革命

二〇一四年九月起，食育也走進英國所有中學的必修課程中。英國教育部公布七到十四歲的中小學生，必須學會二十道料理才能畢業，從讓學生動手煮飯的過程，可以讓他們學習掌握原始食材、了解食物從哪來並尊重食物；除此之外，也可以學習與食物相關的文化，像是尊重不同飲食習慣、公平貿易、永續環保、動物權益等議題。當學生對營養均衡有概念，也可以更進一步成為監督校園及社會飲食的下一代力量。

瑞典

瑞典的飲食教育不僅從小做起，更從生活各層面讓孩童一邊做一邊學習。像是十二歲至十五歲的學生在學校每週必須接受約一小時的「家庭與消費者知識」課程，主題涵括三方面：一、食品，飲食與健康；二、消費與經濟知識；三、環境與生活方式。從了解各種食物的保存及烹調，到食物製造與運輸方式如何影響環境與健康，進而了解低成本、加工食物不見得是最好的選擇。

除了在校園中向年輕一代傳達食育觀念，瑞典也是歐洲第一個建立「飲食指南」的國家，希望能透過改變國民飲食消費習慣，以達到環境保護的目的。二〇〇九年六月瑞典國家食品部及國家環境保護署共同研擬出一份「友善環境食物選擇指南」（The National Food Administration's environmentally effective food choices），建議瑞典國民減少肉類、米及特定食物的食用，以降低溫室氣體排放量。該指南針對食物類型分析營養價值以及對環境造成的衝擊，比如肉類是對環境衝擊最大的食物，因此建議民眾多吃蔬菜並選擇有永續認證標章的魚。此外，瑞典平均每人每年浪費的食物多達三十公斤，家庭、餐廳一年丟棄食物的碳足跡高達兩百萬噸，因此指南也呼籲落實生態智慧的食物選擇，以及有意識地減少食物浪費，以達到溫室氣體減排的目的。

提倡食育不只在校園

臺灣近年來在政府學界，農業界與民間團體的努力下，也或多或少有一些「食育」及「食農教育」相關的計畫、活動在進行中，但大多仍屬零星或不完整的「火花」，需要有更完整的規劃，以及相關配套措施和整合平臺。

目前臺灣推動食育的政府單位有衛生福利部國民健康署、農業委員會、環境保護署、教育部等。從目前臺灣推動的食育行動來看，由於是從各主管機關本身職責延伸推動，範圍涵括環境、農業、營養、健康等，但缺乏單一主責單位，反倒使得一般民眾對於「何謂食育」的概念模糊，且容易將實踐場域限縮在「學校教育」層次。怎麼教導食育、怎樣才是有效的推動方式，各界都還在嘗試中。

思考題

飲食教育在成人世界是一種選擇、態度與價值觀的實踐；而在學校教育裡，則是教導學生食品安全和營養知識，並且培養選擇安全和營養食品的技能。進一步來看，則是讓學生在生活中實際參與生產到消費的各種體驗活動，並且重視環境永續發展的過程。你認識的臺灣飲食教育是什麼樣貌？你覺得除了學校教育之外，日常生活還可以如何實踐「食育」？

第2課 語言如何復興？——臺灣原住民的族語復振之路

南島語族北起臺灣、南至紐西蘭、東到復活節島、西到馬達加斯加，共有將近四億人口、近一千三百種語言。在南島的諸多島嶼中，臺灣的南島語言最為豐富。因此，南島語族的共同祖先來自臺灣，由臺灣移民到南島各地的「出臺灣說」（Out of Taiwan）一直是學界主流的南島語族起源假說。

然而，在臺灣四百年的政權更迭中，南島民族身為這座島嶼最初的主人，卻在不同年代的移民、外來政權衝擊下，逐漸忘記自己的語言。依據聯合國教科文組織（UNESCO）二〇一〇年出版的「世界瀕危語言分布圖」，臺灣共有二十四種瀕危語言，其中已有九種滅絕、五種極度危險。

解嚴之後，政府開始訂定保障原住民族權益的法律，包括一九九七年《憲法增修條文》第十條「國家肯定多元文化，並積極維護發展原住民族語言及文化」、一九九八年《原住民族教育法》、二〇〇五年《原住民族基本法》、二〇一七年《原住民族語言發展法》、二〇一九年《國家語言發展法》。這些法律確立原住民各族族語為臺灣的「國家語言」，需由國家與民間共同努力保存及復振。

什麼是「瀕危語言」？

語言是族群文化不可或缺的一部分。除了日常表達之外，語言更肩負傳承族群記憶、凝聚族群、標誌身分的重要功能。語言滅絕時，消失的並不只是溝通工具，更是下一代認識自身族群的能力。

瀕危語言的判定並非單純只依據該語言的使用人數而定。在前述聯合國教科文組織「世界瀕危語言分布圖」中，將語言使用者所屬世代（祖父母、孩童等）、使用場域（家庭、學術、政府文書等）皆納入考量。換句話說，如果有個語言的使用人數很多，但年輕世代使用的人數不多，也難以應用於家庭以外的場域，仍屬於「瀕危語言」。

語言如何復振？

制訂書寫系統

二〇〇一年起，臺灣開始舉行原住民族語言能力認證測驗。然而，當時各族族語都流通數種書寫方式，沒有統一規範。因而，政府自二〇〇三年起與教會、族人討論，最終於二〇〇五年公告「原住民族語言書寫系統」。從此，原住民各族族語便不再是「沒有文字的語言」，而是如同越南語、印尼語一樣，是使用拉丁字母書寫的語言。有了統一的書寫方式，記錄、推廣、教育都會更容易。

記錄語言

《原住民族語言發展法》與《國家語言發展法》皆規定政府需建置族語資料庫，保存學者專家、族語工作者記錄的語言資料，以便後續研究和利用。

拓展使用場域、制訂新詞

針對原住民族居住的鄉鎮市區，各地方政府逐步開始設置雙語路標、雙語路牌，乃至雙語公文。由於許多族人在教會使用族語閱讀經文，因而這些措施除了增加族語能見度、拓展使用場域外，也便於不諳華語的族人長輩。另外，針對族語原先未能涵蓋的新事物和新概念，政府單位也和學者專家一同調查各族的造詞原理，進而制訂新詞彙，使族語真正成為日常生活可以使用的語言。

師資培育、語言教育

《原住民族語言發展法》與《國家語言發展法》皆規定政府應啟動族語師資培育，並將族語納入學校課程。目前，政府已補助各級學校聘雇專職族語老師，也已立法將國家語言（含閩南語、客家語、原住民各族語）納入小學、國高中必修[1]。各族也參考紐西蘭原住民毛利族的「語言巢」先例建立全族語幼兒園，目前共有六十二所。

語言推動組織與專職語言推廣人員

《原住民族語言發展法》更規定政府應協助各族設立語言推動組織，以彙整族群資源一同推動語言發展，目前共有十七個族別／方言別設立語言推動組織，透過舉辦文學獎、工作坊等活動，讓語言推廣更有活力。縣市政府、原住民地區及原住民人口數一千五百以上的鄉鎮市區公所亦設有專職語言推廣人員，一同推動族語復興。

世界各國怎麼做？

毛利族：語言巢（Te Kōhanga Reo）全母語幼兒園

一九八〇年代，有鑑於能流利使用母語的幾乎都是四十歲以上的族群，紐西蘭原住民毛利族人開始建立「語言巢」：專供學齡前孩童學習母語和族群文化的全毛利語幼兒園。根據研究，語言巢的學童普遍更為認同毛利族，也更偏好使用毛利語，同時提高毛利族人的學齡前就學率。

只不過，語言巢畢業的學童大多仍會進入以英語為主要教學語言的小學，並迅速

布列塔尼一景。

失去母語能力。因此族人很快又開始創立全毛利語的小學及中學。

夏威夷：夏威夷語版 Mac OS

許多瀕危語言都遭遇電腦無法處理該語言文字的困境，因而很難在網際網路、社群媒體等現代重要的溝通載體中使用。夏威夷語使用大量的變音記號，造成許多電腦軟體無法支援。為了改善此困境，夏威夷大學與蘋果電腦合作，推出Mac OS的夏威夷語版本，這是Mac OS第一個美國境內原住民語言的版本。

同時，夏威夷語也新增了許多資訊用詞，例如表示「上傳」的「ho'ouka」（原意：在獨木舟上裝載物品）、表示「儲存」的「mälama」（取自標語「mälama 'äina」，意為「保護土地」）。

法國布列塔尼：母語學校和雙語教學

法國西部的布列塔尼地區原為獨立公國，通行布列塔尼語（為凱爾特語系一支）。布列塔尼公國於十六世紀遭法國併吞，但天主教會仍持續使用布列塔尼語。法國大革命後，巴黎中央政府獨尊法語，要求學校「禁講土語」。十九世紀時，說母語的學童必須戴上標記物（法語：le symbole，可能是一雙木靴、一顆石頭等），直到找出下一個講母語的人為止。

二十世紀，雖然布列塔尼尚有不少人能流利使用布列塔尼語，但大多都是五十歲以上的年長者，以布列塔尼語舉行彌撒的教區也越來越少。一九七七年，布列塔尼人創辦「迪萬學校」（法語：l'école Diwan，「迪萬」意為「發芽」），提供全布列塔尼語教學的小學及中學教育。同時，布列塔尼人也組成遊說團體，促使天主教學校和公立學校開始實施雙語教學。

在母語學校和雙語教學的多管齊下推廣之下，通曉布列塔尼語的十八歲以下青年人口從一九九九年的0.7％成長至二〇一一年的1.6％，雖然比例仍然不高，但成長率驚人。地方政府更立下目標，接受全母語教學或雙語教學的學生人數需達到每年15％的成長率。

此外，母語教學也促進布列塔尼語標準化和創造新詞。布列塔尼語原有四大方言，為方便教學，迪萬學校採行標準化的「新布列塔尼語」。針對傳統布列塔尼語沒有的概念，「新布列塔尼語」捨棄通行的法語借詞，轉而參考其他凱爾特語系的語言（如蘇格蘭蓋爾語、愛爾蘭語），另行創造新詞。然而，這卻造成講新布列塔尼語的迪萬學生與講傳統布列塔尼語的祖父母之間溝通困難，成為母語復振途中的爭議之一。

1. 據《國家語言發展法》第十八條規定，於十二年國民基本教育課程綱要總綱自國民小學、國民中學及高級中等學校一年級開始實施後三年施行。

思考題

二〇一九年底第十五任正副總統競選期間，曾有候選人提出「母語在家學」的主張，認為學校教授母語是「浪費資源」。此外，二〇二〇年底教育部召開課程審議會研議將國家語言納入國高中必修，卻遭到部分教師質疑「排擠多元選修課程」、「增加必修科目」。針對瀕危母語的保存，你認為將母語納入學校教育的利弊分別為何？你贊同將母語納入學校教育嗎？

銘謝

本文撰寫蒙受財團法人原住民族語言研究發展基金會副研究員潘俞翔先生提供協助及意見回饋，謹此申謝。

第3課 職場性別平等——從婚育歧視、男女薪資差異談起

我國自二〇〇二年起訂定《性別平等工作法》（當時名為《兩性平等工作法》），致力消除性別歧視及職場性騷擾、保障職場性別平等，是臺灣性別平等重要的里程碑。據勞動部統計，每年全臺灣各縣市勞動主管機關受理的性別工作平等申訴案件約有四百件，其中約有一百件成立。本文將討論職場性別平等的兩項常見議題：婚育歧視、男女薪資差異。

婚育歧視

雖然職業婦女、雙薪家庭在臺灣都早已不是新鮮事，但女性還是經常被視為家庭的主要照顧者和家務的主要負責人。因而，部分雇主便認為女性在職場的投入程度必然比男性來得低，或者認為女性因懷孕生產、育兒而請假或留職停薪都是為公司添麻煩。

在早年的臺灣，有些雇主會在工作規則或聘雇契約中明訂「單身條款」（女性一旦結婚就要離職）或「懷孕條款」（女性一旦懷孕就要離職）。即便這些條款隨著相關

為了避免職業隔離現象，「同值同酬」的概念便應運而生。

法律完備而逐漸消失，但時不時仍會有婚育歧視的相關案例見報。

二〇〇九年，國立臺灣美術館（國美館）新舊派遣公司交接，新派遣公司「仟代昌」要求既有的女性派遣員工提出驗孕報告，並表明不會聘雇懷孕女性。有女性員工因不滿派遣公司歧視女性，拒交驗孕報告，隨即遭到仟代昌公司資遣。

國美館女性派遣員工隨即向館方抗議，並向勞委會（今勞動部）、文建會（今文化部）、臺中市政府陳情。臺中市府最終判定仟代昌公司違法，並罰鍰新臺幣十萬元。仟代昌雖提出訴願及行政訴訟，但在二〇一一年遭臺中高等行政法院判決敗訴。

除了這起案例外，當代的臺灣職場仍有雇主因員工的婚育規畫而在招募、甄試、進用、分發、配置、考績或升遷等方面做出差別待遇，這些差別待遇都有可能構成婚育歧視。

男女薪資差異

依據行政院主計總處統計資料，二〇二〇年臺灣女性的平均工資僅有男性的83%。男女薪資差異主要原因有二：「同工不同酬」及「職業隔離」。

「同工不同酬」意指男性和女性從事相同的工作時，得到的薪水有高低差別。由於過去社會普遍認為男性負有養家活口的責任，因此即便男性和女性從事同一份工作，男性的敘薪仍會比女性高。該現象除了造成性別間的不平等，更忽略了臺灣社會的女性也同樣有扶養子女、奉養長輩的需求。

「職業隔離」則是指特定性別集中於特定職業的現象。其中，女性集中的職業（如服務、銷售及事務性工作）薪資經常比男性集中的職業（如高階白領、技術性藍領工作）還低。該現象系統性地使女性的平均薪資比男性來得低。

為了克服職業隔離造成的性別不平等，有別於「同工同酬」（equal pay for equal work）的「同值同酬」（equal pay for work of equal value）概念便應運而生，亦即相同價值的工作應得到相同的薪酬。然而，不同產業、不同企業的工作應如何比較價值，仍待人們持續討論。

為了推廣大眾對男女薪資差異的意識，部分國家的政府或民間組織每年會計算並公告「同酬日」（Equal Pay Day）。臺灣二〇二一年的同酬日為二月二十日，意味著女性平均必須從二〇二〇年一月一日工作至二〇二一年二月二十日，才能獲得男性在二〇二〇年獲得的平均總薪資。換句話說，女性若要賺得與男性相同的薪資，平均必須多工作五十一天。其他國家的同酬日則如下：（皆為二〇二一年資料）

- 奧地利：二月二十一日
- 德國：三月十日
- 比利時：三月二十五日
- 加拿大：四月七日
- 日本：五月六日
- 美國：三月二十四日，另可細分：
  - 亞裔及大洋洲裔：三月九日
  - 非裔：八月三日
  - 美洲原住民：九月八日
  - 拉丁裔：十月二十一日
  - 母親：五月五日[2]

思考題

「同值同酬」的概念十分直觀，但實際執行卻面臨不少挑戰。究竟不同產業、不同職種的工作應如何衡量價值？你有什麼想法嗎？

2. 因美國的有薪婚育假覆蓋率不高，許多母親須以扣薪假別請假，導致實際收入較低。

第4課 托育政策的困境——扶養孩子是誰的責任？

現代社會中新手爸媽的育兒困境

近年少子化現象下，新生兒逐漸減少，但公共托育機構的數量缺口仍不斷增加，是否令你懷疑背後到底出了什麼問題？雖然新生兒數量下降，但社會結構的改變，如女性勞動率的上升與雙薪家庭的增加等，都造成育兒服務的需求高漲。根據行政院統計，從一九七九年到二〇一六年，雙親自己照顧小孩的比例由83.17%下降到了51.66%，有近半數的父母尋求育兒輔助。

然而，以營利為目的的育兒服務，包括保母與托育中心等，由於利潤低、從業人員少，供給趕不上需求，面臨市場失靈的情況。目前雙親無法照顧的幼兒，主要委託其他親屬照護，或額外聘請保母，僅有少數委由機構照護。

無論選擇哪一種方式照顧小孩，都可能面臨各種問題：選擇由家中長輩照顧者，可能面臨雙親與幼兒須分隔不同縣市，成為「週末爸媽」，隔代教養也容易產生教育理念衝突；選擇請保母，則可能須支付較高額的幼兒照護費用等。然而，新手父母往往薪

托育服務供不應求，進而影響生育率及女性勞動參與率。

資較低且生活忙碌，育兒的龐大壓力與缺少資源，使還沒生的夫妻不想生、有一胎的不養第二胎，進而加重少子化現象。

事實上，為了提振生育率與勞動率，六歲以前的托育服務在國際上常為政府公共服務的一環，除了北歐國家幾乎百分之百為公共托育以外，OECD國家平均托育公共化程度也有約五成；相較之下，臺灣則僅為三成左右。

誰想辭職帶小孩？缺少托育服務對女性勞動參與率與生育率的衝擊

孩子出生後，會對家庭產生什麼影響呢？雖然性別平權的觀念已經推動多年，但在男女同工不同酬的現象與傳統觀念的夾擊下，由雙親照顧的幼童家庭中，多數仍是媽媽放棄職涯，成為主要照顧者。

根據行政院統計，未滿三歲孩童的爸媽中，爸爸的就業率為97.29%的同時，媽媽只有57.24%；三到六歲的孩童爸媽中，爸爸的就業率為96.28%、媽媽只有64.32%，顯示育兒的需要顯著影響了臺灣的女性勞動參與率。就整體經濟發展而言，這批女性已經累積數年工作經驗，離開職場是勞動力的浪費；就個人而言，錯過了青壯年的黃金時段，未來即使復職也會對職涯發展有一定的打擊，又加深了女性薪資偏低的現象。

育兒和職場只能二選一時，部分女性更可能會選擇拒絕生育；另一方面，勞動力市場上則喪失部分新手媽媽的生產力。因此，女性勞動參與率於女性育兒階段顯著下滑的國家，生育率也偏低。觀察世界各國的女性勞動參與率趨勢（二〇一六），臺灣女性勞動參與率，在二十五歲到四十四歲之間，從90％降到76％，下滑13.9％；周邊亞洲國家如韓國下滑10.3％，新加坡下滑10.4％，香港下滑12.6％，也是全世界生育率最低的四個國家。而二十五至四十四歲女性勞動參與率「不降反升」的國家，包括法國上升6％，德國上升5.5％，義大利上升9.4％，挪威上升4.1％，丹麥上升8.4％，瑞典上升8.6％。以上歐洲國家之每位婦女一生平均生育子女數皆高於1.4人，北歐國家則保持都在1.7人以上。

這說明了良好的托育環境，不把辭職與育兒壓力強加在媽媽身上，有助於減輕對母親的職場歧視與雙薪家庭的經濟困境，並確實地提高生育意願。

北歐托育政策：以提供服務為主

相較於臺灣直接提供父母津貼，北歐國家福利則多著力於提供可負擔、高品質的托育系統，給予父母時間與空間追求職涯發展，並使幼兒在健全的照護系統中成長。

丹麥是全球最早提供公共托育的國家，從一九五〇年代就開始拓展托育福利服務，並於一九九九年制訂全面性政策，促使地方政府保證所有具托育需求的六個月以上幼兒都可以得到托育服務。瑞典則於一九六〇年代起大規模投資於公共托育，於一九九五年規定地方政府應針對父母就業或所有一至十二歲就學兒童提供服務。挪威公共托育發展較晚且不足，但從二〇〇九年起，政府也規定一歲以上小孩得享有托育權利。

在臺灣，許多人認為北歐的福利雖完整，但卻會造成許多「搭便車」的現象。事實上，北歐模式也強調領取福利的工作義務。他們將「享受福利」和「工作／納稅」兩者緊緊綁在一起，互相支撐，相輔相成。這意味著傳統家庭與保守意識型態下的「男主外、女主內」已轉變為成年公民與國家的相互責任：成年公民參與勞動期間，國家為他們育兒，並保障下一代的受教權不受階級與資本所限制。

北歐國家將托育服務公共化，背後除了有減輕父母負擔的考量以外，也顯示國家積極介入學齡前照護，希望盡可能降低幼童照護品質的不均。與亞洲多倚賴家庭提供照護相比，顯示對於家庭與育兒的不同觀念，將會導致不同的政策。

臺灣現行政策：以補助津貼為主要邏輯

那麼，臺灣現在的做法如何呢？為了改善公共托育供不應求的狀況，二〇一九年上路的托育準公共化制度，主要希望將民間的托育中心納入政府的育兒津貼系統中，並對簽約機構加強管制，期待減低父母的負擔。但以營利為導向的民間私立幼兒園反彈聲浪大，認為要同時降低收費又調高薪資，將會壓縮利潤空間，政府補貼並不足以彌補損失。民間團體如全國教師工會總聯合會亦表示，政府補助與擴大準公共化幼兒園等方式，並不是真正的公共化。

除此之外，蔡英文總統角逐連任時提出「666育兒政策」，包括提供每個新生兒生育津貼六萬元、每年發給育兒津貼六萬元直到六歲。遲至二〇二一年底，該政策尚未落實，但對於現金補助育兒是否有效果，外界仍然存疑。如托育政策催生聯盟表示，現金發放對提高生育率的效果不大，重點在建制有效的托育政策。婦女新知基金會也指出，預算直接用在托育的供給上，會比直接發錢給民眾來得有用。

思考題

政策的差異，往往不僅是預算與人力的差異，也是決策者背後對家庭的想像不同。如何平衡事業與家庭，是難以簡單回答的問題。臺灣目前的政策希望直接以現金減輕父母負擔，讓更多人願意生育並享受與年幼子女相處的寶貴時光，惟如何輔導父母育兒後重回勞動市場仍需多加思考。北歐的政策則認為，孩子們身為國家的公民，需要透過公共托育接受正規的照顧與幼教，盡量弭平家庭間的教養差異，並解放原先育兒所需的勞動力。你認為哪一種模式比較適合臺灣？有沒有第三種更好的做法呢？

第5課　月經稅——一場「寧靜」的流血革命

月經稅與月經貧窮

月經稅又稱衛生棉稅（tampon tax），是指有關衛生棉（條）及其他女性生理用品的售價中包括增值稅或營業稅。支持女性生理用品免稅的人士認為，衛生棉（條）、月經杯等和女性月經有關的用品是女性基本不可或缺的必需品，且月經是自然生理現象與特徵，並非「可有可無的用品」，因此主張這些女性生理用品要免稅。

「月經貧窮」指的則是女性無法負擔月事所需生理用品的高昂費用，且缺乏可取得生理用品資源的管道，因而造成這些生理女性因生理差異而身處劣勢，導致疾病及心理健康等影響的社會現象。二〇一九年，國際婦產科聯盟（International Federation of Gynaecology and Obstetrics）曾公布一個數據：全球有五億女性生活在月經貧困中。

如果你以為上述狀況只發生在貧窮國家，那可誤會大了。英國女性公益團體 Hey Girls 指出，根據兒少慈善機構（Plan International UK）二〇一八年的研究顯示，全英國的在學少女每十人之中就有一人生活在「月經貧困」裡。以英國消費水平來說，平均每位女性在衛生用品上，一生需花費一萬八千四百五十英鎊，相當於七十四萬臺幣。

當家裡都沒錢買食物的時候，還談什麼衛生棉？根據世界月經衛生平臺（Menstrual Hygiene Day）統計，約65%的肯亞女性無法取得衛生棉。根據半島英文新聞的報導，在肯亞有近一百萬名女生因為無法負擔衛生棉的費用，而無法去上學；根據肯亞教育部統計，女生每月上課平均缺席四天，換算下來每學期平均缺席兩週。

月經貧窮背後是一連串的連鎖反應，許多女性由於無法維持基本的尊嚴和體面，受到社會的歧視、污名與暴力，無數女性因為經期不便，受教權受到影響或中斷，教育程度低下也導致女性沒有經濟能力，選擇早早結婚生子，而這樣的結局往往是惡性循環，再開啟下一輪女性地位更加低下的世代。

臺灣現況

在臺灣，生理用品仍有5%營業稅。二〇一七年，立委吳思瑤曾提出生理用品應免稅。我們簡單試算一下，假設一位女性，她的經期一個月有五天，從十三歲開始到五十歲結束，在她三十七年的歲月裡，會有兩千兩百二十個日子要跟月經共處。所謂積沙成塔，女生一生要花多少錢在生理用品上？根據內政部二〇一五年統計，每位臺灣女性，平均一生要花費約九萬元在經期生理用品。

以月經權益與教育為宗旨的非營利組織「小紅帽Little Red Hood」在二〇二〇年進行

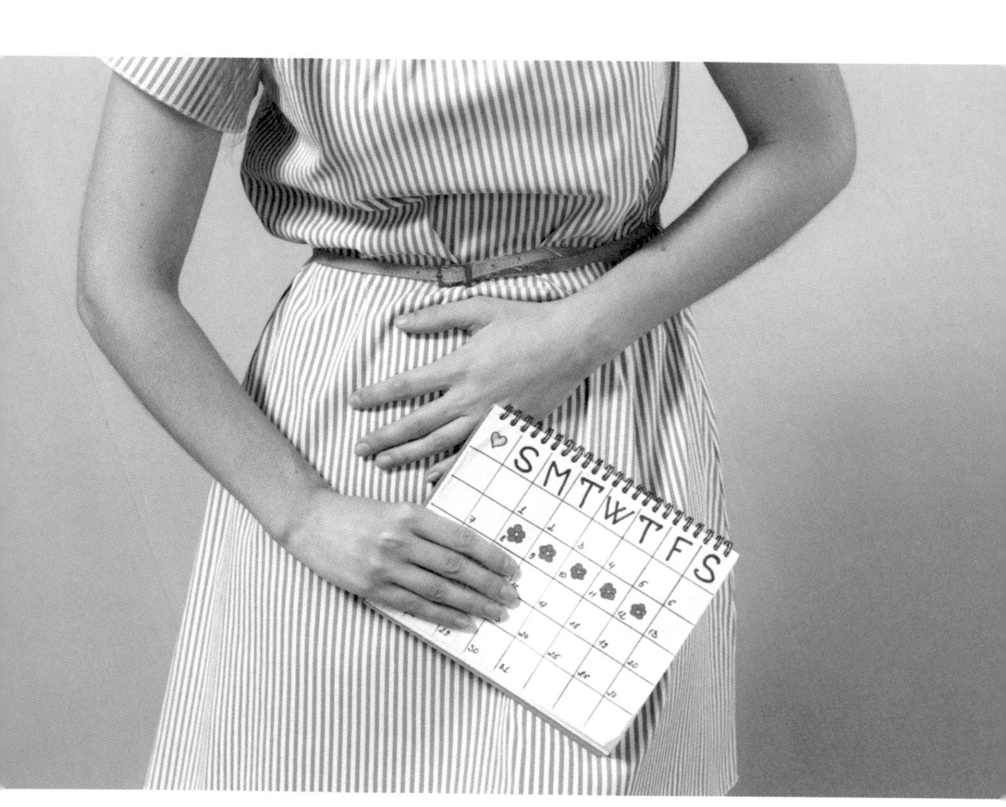

「月經貧窮」是許多女性面臨的問題。

一項「臺灣生理女性月經經驗問卷」調查，從回收到的兩百三十六份有效問卷中可以稍微勾勒出臺灣生理女性使用生理用品的狀況與經驗。統計結果顯示，超過半數女性認為自身就學就業曾被生理期影響，更有近一半的女性為了節省花費而拉長生理用品的使用時間。

二〇二〇年十一月，立委王婉諭等人提案修法，從加值型及非加值型營業稅法[3]著手，主張要減免衛生棉和衛生棉條等生理用品所課徵的營業稅，希望能減輕生理期的財務負擔，落實性別平權。

世界各國又是怎麼面對月經不平等？

蘇格蘭

二〇二〇年十一月，蘇格蘭通過《生理期用品免費供應法》，成為全世界第一個國家立法向全民免費提供女性生理期用品的國家。該法規定政府有責任確保任何需要生理用品的人都可以免費取得，但必須讓任何有需要的人能「容易且適切體面地」獲得不同類型的生理期用品。其實在更早之前，蘇格蘭就已經是全球第一個推行在中小學、大學內免費提供生理期用品的國家。

3. 加值型及非加值型營業稅法：主要差異在稅額的計算方式不同。加值型營業稅能將稅賦成本包含在商品定價中轉嫁給消費者；反之，非加值型營業稅則以消費總額向賣方課稅，無法轉嫁。

印度

二〇一八年，印度政府宣布取消對女性生理用品徵收爭議性稅賦。月事來潮是印度女孩輟學的主因之一，印度女議員德夫（Sushmita Dev）在二〇一七年提出請願，要求當局降低或取消對衛生棉課稅，她表示印度有大約70％婦女負擔不起衛生棉。這項線上請願吸引了超過四十萬人連署支持。

此外，月經污名化和學校缺乏廁所也是女孩面臨的考驗。二〇一九年獲得奧斯卡最佳紀錄短片的《月事革命》（Period. End of Sentence），劇情講述一群住在印度新德里郊外的女性，利用機器製造便宜的衛生棉，進一步擺脫月經污名。導演瑞卡·柴塔布齊（Rayka Zehtabchi）上臺領獎時就曾說：「我不是因為月經來才哭的，我只是不敢相信，一部以月經為題材的影片，竟然可以得到奧斯卡。」

歐盟

由於歐盟將生理用品歸類為「奢侈品」、「非必要產品」，歐盟各國針對女性生理用品仍課徵不等稅率，例如：匈牙利高達27％、瑞典與挪威課徵25％、西班牙課徵10％，而法國則在二〇一五年將原訂20％加值稅下修至5.5％。其中，愛爾蘭是唯一一個歐盟國家針對此類用品零稅率的國家。歐盟雖禁止國家實施0％的加值稅，但愛爾蘭的相關法令因為訂立年代較早，不受此限制。

英國

英國原本對女性生理用品的徵稅為17.5%。二○○○年時，在工黨議員普莉瑪羅（Dawn Primarolo）遊說之下降到5%，這是歐盟法律允許下的最低值。然而就在二○二○年最後一天，英國正式脫歐，同時也宣布全面廢止月經稅，取消課徵5%的營業稅。

德國

德國加值稅一般是19%，生活必需品的優惠稅率則是7%。過去長期的爭議是，政府並未將這些女性生理用品列入生活必需品，而是課以19%稅率。德國一家新創公司「The Female Company」將衛生棉條包裝在書內，這本「The Tampon Book」成功被政府認定為消費品，只需徵收7%的稅率。創辦人克勞絲（Ann-Sophie Claus）表示想藉此讓大眾重新檢視「衛生棉條稅」。德國自二○二○年一月一日起，生理用品稅率由19%降為7%。

思考題

不同於歐美，營業稅屬於外加稅，臺灣則是內含稅，因此我們很少強烈感受到「商品稅金高低」所帶來的震撼。除了從經濟面上解讀，月經不平等也反映出法律、教育等制度裡面缺少了對女性生理期的理解。你覺得生理用品的課稅，對女性來說是種性別歧視嗎？你支持政府提供女性免費的生理用品嗎？

第6課　女性的權益vs胎兒的生命——墮胎爭議的道德兩難

二〇一九年起的公投爭議

二〇一九年底，由合一行動聯盟召集人彭迦智發起公投提案連署，將現行臺灣二十四週內得終止妊娠的規定，下修到八週，因為他主張「心跳開始跳動便是生命」，因此又將此公投提案稱為「心跳法案」。臺灣此限縮婦女墮胎權益的提案，在近幾年中並非特例。美國保守派各州在川普總統任內，紛紛制訂嚴苛的墮胎規定，更試圖進逼最高法院，撼動一九七三年確立美國婦女墮胎權益的「羅訴韋德案」（Roe v. Wade）。在國際上，墮胎權益的反挫，又再度讓這個經典老議題回到婦女權益運動的核心。而在墮胎議題討論中，最常見的爭議就是女性的身體自主權，以及胎兒的生命權。

接下來，我們一起來檢視國際上墮胎權的發展歷程。

女子舉著支持墮胎合法的標誌，主張女性的身體自主權。

從美國開打的戰爭：羅訴韋德案

一九六〇至一九七〇年代的美國，是民權運動盛行的年代，許多試圖衝破性別、階級、種族藩籬的倡議，都發起於這個年代。但當時美國仍有高達三十七個州對於婦女墮胎有極高的門檻限制，而十三個州則是禁止對婦女產生危害的墮胎行為。幾乎可以說，偌大的美國，找不到能讓婦女安心、安全進行墮胎的地方。一九六九年，來自美國德州的未婚懷孕婦女羅第三度懷孕，想以自身遭強暴為由墮胎，但德州警方以證據不足為由，拒絕這個請求，因而展開了羅控訴當地司法官員韋德的漫長歷程。而當時以保守派占主導力量的美國最高法院，於一九七三年做出了德州州法違憲此一劃時代的決定。但在看似進步的價值中，美國最高法院法官的推論過程，卻也埋下了日後墮胎權爭議的導火線。

在當時的法官論理中，仍然認為要在保護生命、保障女性權益之間謀求平衡，因此有所謂的三段孕期說。在第一階段（前三個月）中，還只是胚胎階段，且沒有獨立存活能力，因此這階段的孕婦有絕對的自主權決定墮胎與否。往後兩個孕期，隨著胚胎逐漸發展成「嬰兒」，且墮胎行為對婦女身體的風險也逐漸提高，就賦予了州、醫事人員禁止或限制墮胎的可能。這段論理在給予婦女墮胎權的同時，也論證了嬰兒生命權的存在，兩相對立的權利論述，就成為日後全球墮胎和反墮胎運動的爭論焦點。

歐洲大陸的抗爭：由法國三四三宣言起始

天主教價值濃厚的歐洲大陸，同樣掀起了關於墮胎的爭論。一九七一年，由哲學家西蒙波娃（Simone de Beauvoir）領軍，同時有文學家莒哈絲（Marguerite Duras）、導演安妮華達（Agnès Varda）、演員丹尼芙（Cathrine Deneuve）等人連署的「三四三宣言」，向當時仍禁止墮胎的法國社會公開表示「我墮胎過」。而隔年位於巴黎北郊一名遭受強暴而懷孕的未成年女性，包含她母親在內，共五位女性因執行墮胎被判處有罪的訴訟，更是引起軒然大波。後續引發一連串行為，包含在國高中階段引入性教育、強化通報機制等，最終在一九七五年，由時任司法部長的韋依（Simone Veil）推行通過了墮胎合法化的法案。

分別在一九七〇年代放寬墮胎限制的美國與西歐國家，都在過去幾年面臨了強烈的反墮胎運動回潮，當中又以美國最為嚴重。而當時埋下女性權益、嬰兒生命的對立，至今仍然未解。

女性自主權與嬰兒生命權的對立

二〇一九年發起的公投提案，雖然最後由中選會駁回作結，但從相關的公投討論中，還是可以發現很多對女性懷孕、生子的誤解。

臺灣除了對墮胎的討論外，近幾年也相當熱中於討論少子化的問題，而中國在今年也已開放三胎，企圖解決少子化問題。但無論是墮胎還是刺激生育，這些政策的中心思維都只有看到生育的「結果」：一個小孩、新生命的降臨，基本上忽略了生育這件事之所以成立的基礎：婦女。由於生理構造的差異，生育基本上都是女性獨自承受。懷孕帶來的生理和心理負擔、分娩的風險、分娩後的身心變化等，幾乎只由女性承擔。這也使得由男性主導的政策論述中，許多事情都被忽略了。此外，也難以正視由強暴、亂倫等非自願因素而懷孕的現象。多數人只看到了「有小孩」這件事，而忽略了女性是在怎樣的情況下懷孕。

而在反墮胎的論述中，我們也看到了由於只有女性會懷孕所引發的對「女性」，乃至「母職」的神聖化、道德化的想像。女性似乎只要不懷孕、想墮胎，就是不自然、不負責乃至於殘忍的事，但過於簡單地從生理差異連結社會角色，其實都讓我們忽略了不同女性的情緒與反應，以及不同懷孕成因與經驗的多元性。在這場以支持女性自主墮胎的「選擇派」（pro choice）以及支持胚胎乃至嬰兒生命權的「生命派」（pro life）

爭論中，或許我們更應該思考的是，是否太快就基於生理構造的差異，連結到身為女性必須做哪些事情的社會期待呢？

思考題

墮胎議題的論爭，除了婦女的身體自主權與嬰兒的生命權外，還牽涉了何種外力？而你對此的看法為何？

第7課 清官難斷家務事——通姦罪在臺灣

二〇二〇年五月，司法院大法官作出了通姦罪違憲的解釋，正式讓通姦罪步入歷史。但這個決定也同樣引起許多人關心，這是否意味著臺灣的婚姻與家庭關係將更加脆弱？是否意味著配偶的家外感情關係，都將更堂而皇之地進行，而元配也都束手無策呢？

須先說明的是，該次大法官解釋的對象是《刑法》第二百三十九條，因此這只是意味著日後無法用《刑法》來處罰通姦行為，但原有的《民法》手段仍然存在。可以說，長期以來的通姦除罪化的訴求，並不是要合理化、合法化通姦行為，而是在質疑用《刑法》手段處理通姦行為的正當性何在？

通姦罪在臺灣的歷史

臺灣社會經歷通姦罪的歷史其實相當早，早在一八九六年，臺灣成為日本殖民地的第二年，總督樺山資紀宣布日本《刑法》適用於臺灣，通姦罪也跟著進入臺灣社會。

二戰之後國民政府播遷來臺，在中華文化的思維影響下，儘管國際上許多國家將通姦除罪化，但部分中華民國婦女團體認為為了維護傳統中華家庭，應保留通姦罪。在確保性別平等的考量下，通姦罪從原先的罰妻不罰夫，更改為夫妻皆罰。因此，在二十世紀初期，通姦罪的規定還兼顧了保留中華文化傳統與跟進性別平等浪潮的用意。

然而，隨著臺灣社會邁入民主政治與都市化浪潮後，許多新觀念的傳播又促使大眾去反省通姦罪的存在。許多民間社團與非營利組織，開始組織倡議廢除通姦罪，而這一段歷程花費約二十餘年的時間才大功告成。

通姦罪不合時宜？

這些民間組織認為為何需要廢除通姦罪呢？難道是要鼓勵婚外情嗎？主要論據是前面有提過的，用《刑法》介入婚姻關係是否妥當？婚姻的相關規定已經在《民法》當中有完善規定，為何還需利用刑罰的手段介入？又，婚姻本身就是社會中人民關係的安排，用國家公權力與懲罰機制介入，是否違反了比例原則？這些基本上是倡議人士在法理上提出的質疑。

除了法理問題之外，讓許多第一線法官們質疑通姦罪的理由，是因通姦罪在實務上，若為「男性出軌」，常常成為單方面懲罰女性的工具。雖說通姦罪一開始有試圖確

用《刑法》手段處理通姦罪是否具有正當性？

保男女平等，但由於可以撤回對配偶的告訴，因此經常發生妻子對丈夫撤告，只控訴第三者的「懲罰女性」結果。而有時在丈夫跟介入者處於權勢不對等的感情關係時，這只會加深小三的不公平處境。

最後，法律該如何修補破裂的關係？一段關係的破裂，往往不是某一方的單獨責任，甚至可能也不是雙方的責任，牽涉的人和原因多半相當複雜。通姦罪的存在，能成為修補關係的手段，還是只會淪為婚姻談判的籌碼？這些原因都讓重思通姦罪成為必要的考量。在這些思考下，通姦除罪化開始漫長的立法遊說與釋憲道路。

臺灣通姦除罪化的歷程

通姦罪闖關司法院的旅程早在二〇〇二年就已開始。當時由葉啟洲法官對通姦罪提起第一次釋憲，在二〇〇二年做成釋字第554號解釋，解釋爭議點為「《刑法》第二百三十九條對通姦、相姦者處以罪刑，是否違憲」，解釋文大意為「強調夫妻忠誠是基本規範」，通姦罰則仍需維持，故不違憲。

然而，釋憲發起人葉啟洲法官認為：「通姦罪並沒有辦法真正保護婚姻，婚姻能不能順利運作下去，靠的是當事人——夫妻兩人之間的經營，當婚姻真的破裂，我們也只能去收拾善後，沒辦法透過刑罰的壓力，使雙方盡到婚姻裡性行為的義務。」同樣為聲請釋憲的法官之一的張淵森法官表示：「現在的法律規定，要不要結婚或離婚都是自己決定，國家都不介入兩人對結婚或離婚的選擇了，為什麼國家要用刑罰恫嚇人民對婚姻忠誠，不可出軌？」或許有些人認為通姦罪是維護善良風俗，張淵森表示：「善良風俗是很抽象的概念，有些人認為妨害善良風俗的事情，另一些人可能不認為如此。」通姦罪是對另一半出軌的報復，張淵森認為「對配偶外遇非常不高興，想讓他背負刑責，讓國家處罰他和小三，但這理由並不正當」。

自二〇一五年至二〇二〇年間，共有十八位法官、十六起案件向大法官聲請解釋，認為通姦罪的規定有違憲疑慮。此外二〇一七年司法改革國是會議亦提出通姦除罪化的意見。最後於二〇二〇年五月二十九日下午大法官做出「釋憲第791號解釋」，《刑法》第二百三十九條（俗稱通姦罪），因違反《憲法》第二十二條所保障「性自主權」，以及與《憲法》第二十三條「比例原則」不符，即日失效。

家庭淪喪？

臺灣在二〇二〇年前後有許多關於家庭、伴侶與婚姻關係的重大調整，不免讓許多人擔心是否代表傳統家庭將不保？目前世界上僅存少數幾個國家保有通姦罪。以亞洲來說，除了伊斯蘭教國家外，只剩下菲律賓、柬埔寨還有通姦罪規定，而中國以及當初把通姦罪引入臺灣的日本，也都早已沒有相關罰則。追根究柢，現代社會的家庭型態早已轉變，國家與社會因應的方式也應隨之調整。

思考題

無論是通姦除罪化或同婚，都引起社會大眾對傳統家庭價值失守的焦慮。你覺得現代社會的家庭價值是什麼？我們該怎麼保護家庭的價值呢？

第8課 跨性別權益——容易被遺忘的非二元性別權益

跨性別是變性人嗎？

談到「跨性別」（transgender），或許很多人會認為這個詞等同於「變性人」，但在當代的理解中，「變性」（sex reassignment）只是跨性別人士改變生理結構的一種方式，當事人對自己的性別認同才是判斷該人是否屬於跨性別的依據[4]。

也因為個人性別認同是跨性別這項分類的基礎，大致上我們可以說跨性別人士對自己的性別認同有別於生理性別，也因此我們能看到跨性別人士在生活中透過服飾、妝容、舉止來展演不同的性別；若對於自身生理性別有更強烈的排斥或不適感，一些跨性別人士可能會透過「性別重置手術」來轉變自身的法定性別。在大部分國家，包含臺灣，唯有透過手術才能讓自己在法律上（如證件上）轉變為其他性別。

儘管如此，跨性別在所有性少數中是少數中的少數。論及性少數，多數大眾可能會聚焦在同性戀上，對於雙性戀、泛性戀、無性戀、跨性別或甚至其他非二元性別（non-binary gender）人士的認知並不多，這也容易導致當代大眾在談論多元性別權益時容易忽略這些「少數中的少數」。

臺灣的同性婚姻與跨性別族群權益

以臺灣為例，政府正式於二〇一九年五月二十四日合法化同性婚姻，這是臺灣社會非常大的進步，不但開創亞洲先河，更引起全球矚目。雖然法律保障了同樣生理性別的婚姻權利，但在社會中，許多人對自己的性別認同不限於傳統的二分法。此外，儘管婚姻關係是當代社會制度中很重要的運作基礎，然而所謂的權益保障也不應只局限於婚姻關係，如何讓社會變得更加包容不同的性別氣質、性別認同、性別展演，是我們在同性婚姻合法化後更須重視的範疇。

在臺灣的性別權益發展史中，跨性別權益較晚得到關注。在目前的中華民國法律中，跨性別的概念並不存在，法律運作的基礎仍以傳統的生理二元性別為主，變更性別也是建立在生理特徵的基礎上。一九八八年，政府訂定變更法定性別的相關戶政辦法，其中規定變性須有兩名精神科醫師的評估及診斷。當年變性的要件為建立另一性別的生殖器官構造，然而在二〇〇八年，在民間團體的倡議下，政府修改規定為移除原性別腺

4. 為了理解方便，我們總是喜歡分類人群，但其實「分類」這個行為可能會為當事人帶來傷害，畢竟不是所有人都認同「被他人分類」的結果。面對性別認同的分類也是如此，尊重對方對自身性別認同的詮釋也是很重要的。

體即可符合轉換性別的標準。儘管新標準對於欲轉換生理性別的人士較為友善，但若要更進一步保障跨性別人士的權益，只聚焦於生理構造的轉變是遠遠不夠的。

在跨性別議題上，空間權益一直以來未能獲得足夠重視。在臺灣的生活環境中，許多空間以性別做為劃分基礎，例如洗手間、宿舍大多以二元的生理性別做為區分使用者的依據。假設跨性別人士基於自身的性別認同，選擇了與社會大眾認知相異的性別空間（如公共廁所），輕則遭受側目，重則可能遭到言語侮辱或肢體襲擊，他們的權益受到侵犯，甚至可能導致跨性別人士難以在公共場合做自己。有鑑於此，許多政府機關、學校及企業開始設立「性別友善廁所」（all-gender restrooms），期待透過不分性別的洗手間設計，讓所有使用者都能在獨立、隱蔽的環境中如廁。

其他國家的「非二元性別」

目前歐美多國，如英國、法國、德國、美國、加拿大等國已取消以性別重置手術為變更法定性別的條件，讓跨性別人士不再為自覺不相容的生理性別困擾，以符合個人認同的法定性別在生活中表現自我。除此之外，部分國家修法則朝向超脫二元性別的框架，讓第三性（third gender）成為人們的選項，例如目前英國、德國、澳洲、紐西蘭允許公民採用「X性」做為證件資料，不像多數國家要求所有人必須從兩個性別中做出選擇。

同婚通過之後，性少數的權益仍需社會大眾持續地關注及改善。

除了身體及法律的權益，我們更不能忽略機會平等

看待跨性別權益一事，我們不能只關注法律面向，生活中的「機會平等」也是衡量一個社會對於跨性別人士是否友善的指標。機會平等通常衡量個人基於其身分、背景在社會中所能獲得的機會差異，例如部分職務若多由特定性別人士擔任，社會中很可能就會有較嚴重的機會不平等。在臺灣，唐鳳擔任行政院政務委員；在西方，跨性別人士出任比利時副總理都是跨性別人士在社會上獲得更多發展機會的象徵。然而個案並無法被視為通案，在社會上，傳統二元性別中的不平等仍舊存在，更何況社會對於多元性別的不諒解、不尊重，以及機會方面的不均等都還是你我，甚至全球社會，必須持續改變的現象。

思考題

同婚合法保障了同志的婚姻權，除此之外，還有什麼LGBT權益是我們必須持續努力改善及保障的？

第9課　網路色情與性暴力犯罪——從韓國「N號房」事件談起

韓國「N號房」事件

二〇二〇年三月，南韓有獨立記者在經過秘密調查之後，揭露出牽涉龐大群體的「N號房」（Nth Room）性剝削與性侵案件。這場被稱為「N號房」的網路色情暴力事件，有多名嫌疑人在以加密功能著稱的通訊軟體Telegram上開設大量私密聊天群組，並在這些群組內有償提供透過威迫誘拐取得的女性身體與性方面的影音圖像內容，包含非法拍攝的性侵害、性虐待影片、照片等。在這些付費觀看的影音圖像中，許多受害女性被威迫利誘充當「性奴」，目前已知至少有七十四名女性被合謀勒索，其中包括十六名未成年少女，年齡最小的只有十一歲。

根據韓國媒體報導，「N號房」最初由名為「GodGod」的網友在二〇一九年創建。為了躲避搜查，創建者和管理員除了提前在平臺Telegram上建立多個聊天群組，更不斷新建、解散聊天群，群組內傳播分享以對女性的性剝削行為為主的付費淫穢資訊，並將這些聊天室命名為「一號房」、「二號房」等。此後，Telegram上衍生了三十多個

N號房犯罪者以非法與暴力手段侵害受害者身體自主權。

類似群組，被統稱為「N號房」。在這些群組中，以用戶名稱為「博士」所開設的一系列「博士房」最為猖獗，內容也最為暴力、殘忍。

值得注意的是，上述犯罪者不但以非法與暴力手段侵害受害者的身體自主權，更以「收費會員制度」招攬了至少二十六萬多個觀看者。除了提供內容、收取入場費之外，「N號房」也要求會員必須分享色情內容的影片或圖片。意即，會員必須自製、傳播交流非法色情內容的影片或圖片（如偷拍女性親友等）以維持會員資格。此外，「N號房」更涉及透露受害者真實身分資料、與涉及引導安排或教唆性侵與性虐待等暴力與剝削發生。

「N號房」事件爆發之後，引發全韓國人民的憤怒，要求青瓦臺公開嫌犯長相與個資的請願數突破兩百五十萬，連署要求公開二十六萬名觀覽者個人資料的請願人數則高達一百八十萬，創下了韓國歷史上五天內請願獲得的最高同意數。面對民意聲浪，韓國警方召開了個人訊息審議委員會，並正式公開「博士房」營運者趙主彬（音譯，조주빈）的身分證大頭貼。文在寅總統也做出承諾，將以政府力量設法刪除流傳於網路的所有涉案影片，並表示有必要針對二十六萬名性剝削群組的觀覽者，予以全數調查。但在韓國現行法律下，這些「N號房」會員的行為是否能受到懲罰，仍面臨重重挑戰。

相關暴力防治制度——付費觀看者應否受到懲罰？

韓國現行《性暴力法》，除了懲罰散播不法影片，也針對利用不法內容盈利，訂有最高達七年有期徒刑的刑罰。韓國《兒童及青少年保護法》則針對性剝削影片等訂有五年以上有期徒刑的罰則。在「N號房」性剝削與性侵案件爆發之後，韓國有不少民眾認為付費觀看者是性暴力的共犯，因此呼籲修改《性暴力法》，使付費觀看者能受到應有的處罰。

「N號房」事件被披露之後，綽號「博士」的主嫌之一趙主彬總共被控十四項刑事罪行，包括涉及未成年人士的性剝削、製作及銷售性剝削影片，以不法影片獲利等。二〇二〇年十一月，韓國法院判處趙主彬四十年有期徒刑，以及個人資料公開十年、就業限制十年、穿戴電子腳鐐三十年，罰款逾一億韓圜。「N號房」另外兩名成年共犯分別被判處十三年及十五年監禁，一名未成年共犯被判處五年至十年監禁。至於會員方面，則有兩名「博士房」付費會員分別被判處七年及八年監禁。

相較東亞，歐美許多地區目前針對色情犯罪與性暴力的監管與立法規範比較嚴苛。尤其在付費觀看者的部分，若有兒童性犯罪等涉及未成年者的犯罪就會有比較重的刑罰。由於國家眾多、牽涉到的法律也比較複雜，在這裡我們以兩個美國牽涉數位平臺上性暴力的例子來做說明。案例一是二〇一九年美國與其他國家執法機構聯合破案，關閉一個全球最大的兒童色情網站。在此案件中遭到判刑者，就包括使用比特幣「購買下載」內容拍攝十二、十三歲孩童數支影片而被判處十八個月監禁的網站使用者。案例二是有一位美國小學老師因「下載觀看」、「持有」近上萬份兒童色情影片，刑期累積被判處六十年徒刑。

偷拍與色情報復犯罪

事實上，在二〇二〇年初「N號房」性剝削與性侵案件被披露之前，二〇一九年的韓國社會便風波不斷，爆發出了包含BIGBANG前成員勝利涉嫌性侵及嫖娼、歌手鄭俊英犯下多起性暴力及偷拍事件、女星具荷拉自殺等等。而談到「N號房」、鄭俊英與具荷拉的事件，就不得不提及南韓盛行的「偷拍」文化。

二〇一九年自殺身亡的女星具荷拉，雖然曾患有憂鬱症，至今也沒有人能完全確定其自殺的確切原因。然而，不可否認的是，具荷拉在生前與前男友崔鐘範有互毆家暴，並被對方以性愛影片威脅的事件紀錄。二〇一九年，韓國法院以恐嚇、強迫、傷害、毀壞財物等罪名，判處崔鐘範有期徒刑一年半，並可緩刑三年。這些罪名之中，並沒有「非法拍攝」一項。因為針對性暴力與色情報復威脅等部分，法官以「拍攝當時兩人處於親密關係，且當事人未拒絕」為考量，即便女方不知情，也沒有深入處理判刑。

如果相關事件發生在臺灣呢？目前，臺灣除了《刑法》的「妨礙性自主罪」篇章之外，尚有《性侵害犯罪防治法》與《性騷擾防治法》等法律定義並處理性暴力等妨害身體權與自主權的犯罪。另外，針對未成年者的犯罪，則有《兒童及少年性剝削防制條例》來做特別規範。有關網路色情犯罪的部分，《刑法》「妨害風化罪」篇章中有：持有、公開、散播、製造「猥褻」內容與物品等相關罪責。

在臺灣現行法律下，若是對方同意拍攝，只有在被拍攝者是未成年人時，能按照《兒童及少年性剝削防制條例》第三十六條處以一年以上、七年以下有期徒刑，並且得併科新臺幣一百萬元以下罰金。而若被拍攝者是成年人，則只會受到《刑法》第兩百三十五條「散布猥褻物品罪」的處罰。就算是「色情報復犯罪」，也跟散布色情片的行為適用一樣的處罰規定，只需要面臨兩年以下有期徒刑、拘役或併科九萬元以下罰金。

數位平臺上的性暴力

在當代，數位平臺上的性暴力與犯罪行為屢見不鮮。網路上常見的性暴力行為包含：「未經當事人同意製作、取得或散播身體性愛等圖像影音」、「在遊戲、社群網站等空間發生的性騷擾與暴力、跟蹤行為」、「以個資或其他手段控制威迫他人身體自主權」等，即使是當初經當事者同意而拍攝的私密影片，也有例如因不和分手，一方報復而擅自傳播的「色情報復犯罪」。

許多案例都一再提醒我們，網路上所見的性與身體相關內容的背後，都可能有許多實際上正遭受性暴力與剝削的受害者。而相關的暴力與犯罪，不只牽涉妨害身體與性自主，也可能還涉及妨害人身自由、隱私與個資、非法網路使用與資訊取得、兒童與青少年的剝削等。

網路色情與性暴力犯罪在當代是涉及多重媒介與行為、傷害與罪刑、背景脈絡、當事人隱私及自主權的複雜案件。從韓國、臺灣與歐美國家相關暴力防治制度面上的討論，我們除了思考在法律面上可以如何保護被害者、應對處理加害者的暴力行為，針對如何去除「性」的污名化標籤、支持人們健康面對性與性教育相關議題，以減輕被害者擔心尋求相關協助後遭污名化、二度傷害的擔憂，也是相當值得思考，並有待解決的課題。

思考題

韓國「N號房」事件被披露之後，其中的付費使用者遭到不少猜疑批評，也有人擔心自己的親友就是犯罪或暴力的共犯。你認為在網路上的「觀看」、「傳播」行為，會助長性暴力與非法內容製造嗎？

第10課 臺灣媒體發展之路——媒體是資訊守門人還是操弄者？

現代媒體：監督政府的第四權

在公民教育中，媒體經常被提及具有在行政、立法與司法之外的「第四權」地位。而第四權的主要內涵便是透過資訊傳播來監督政府。的確，歐美現代社會與民主政治的發展，與印刷術出現、媒體形成而帶來的「公眾輿論」有密切關聯。現代媒體帶來的資訊傳播，使得社會大眾有彼此形成連結進而抗衡政府、監督公權力的可能，而統治者、政府也難以單方面操控資訊達到控制人民的目的。然而，對當今臺灣大眾而言，似乎難以想像這個歷史圖像，對臺灣媒體環境的認知，不少落入亂象叢生、充滿預設政治立場、記者素質普遍低落等評價。臺灣的媒體環境真的如此不堪嗎？放諸世界，所謂的臺灣媒體亂象算是特殊現象嗎？

答案可能並不是如此負面。如果媒體形成的輿論環境，最初是為了打造出一個獨立於政府之外的社會空間，那麼當代各國媒體環境的差異也與各國公權力和這個傳播管道如何互動、法規治理的方式有關。我們可以從臺灣本地媒體法規演變、現代網路興起對媒體的衝擊來看。

從黨國中解放：臺灣媒體環境淺談

當今臺灣媒體環境與中華民國來臺後的發展密切相關。在民主化運動以前，臺灣電視臺被政府牢牢地掌握，最早的三間電視臺都和黨國系統有密切關聯，包含臺灣省政府設立的臺視，蔣介石指示設立並由國民黨營公司持股的中視，與國防部有緊密關係的華視。換言之，黨政軍三種系統，緊緊地控管著臺灣的輿論與資訊空間。

因此，解嚴之後，這種集中被黨國把持的媒體環境也受到民間力量的質疑。一九九五年成立的「黨政軍退出三臺運動聯盟」，就主張媒體經營排除政治勢力持有的股份，國家應成立立場超然的媒體監督委員會，以及保障媒體內部工作者的新聞自由。這一連串邁向新聞與言論自由、媒體環境開放與正常化的歷程，一直到了近十年後才算較為完備。除了這些「老三臺」，臺灣第一個民間創立的電視臺——民視，與民進黨的關係，也是大眾檢視的對象。無論如何，黨政軍的力量，在形式上終於和媒體經營拉開距離。而一九九八年，公共電視臺的開播，也是另一座臺灣媒體的重大里程碑。霎時間，黨政軍的退出、公視與民視的分別開播，似乎讓臺灣媒體環境短時間內進入百花齊放的狀態，但財團介入與公共性的不足，卻也種下日後亂象叢生的因子。

媒體環境問題：併購與中天電視關臺

近十年來，影響臺灣媒體發展最重要的兩起事件，莫過於二〇一一年到二〇一三年間的「旺中集團併購中嘉系統臺」爭議，以及二〇二〇年NCC（國家通訊傳播委員會）駁回中天電視臺換照申請，正好反映了媒體環境的不同困境。

二〇一一年的旺中媒體併購爭議，主要癥結點在於是否該以市場自由的名義，讓多數媒體都由同一財團把持？這引起了許多民間團體與學生的疑慮，且激發多場社會運動。這起爭議最後在二〇一三年，以NCC駁回旺中併購申請做收，但媒體壟斷的爭議仍在。在國際上，類似的爭議也層出不窮，當政治勢力退出之後，反而是財團挾極不平衡的財力進駐，進而影響政治輿論。美國在二〇〇三年也有許多類似的爭議。美國自一九九六年以來開始鬆綁企業持有媒體比例，到了二〇〇三年更進一步管制，讓一家公司擁有媒體的比率以及單一媒體的全國市占率門檻都大幅放寬。這激起了來自民主黨以及傳播學者的反對，引發新一波美國媒體的改革運動。二〇〇六年，美國制訂了新的跨媒體規範，將單一事業體同時擁有的電視、廣播或紙媒的比率明確化，並要求美國聯邦通訊委員會每四年審查一次。以臺灣的狀況來說，主要爭議點便在於「跨媒體集中度」的規範不明。易言之，臺灣對於市場自由與新聞公共性之間的尺度拿捏，並沒有明確化。而從旺中爭議開始，臺灣開始著手制訂《廣播電視壟斷防制與多元維護法》草案，

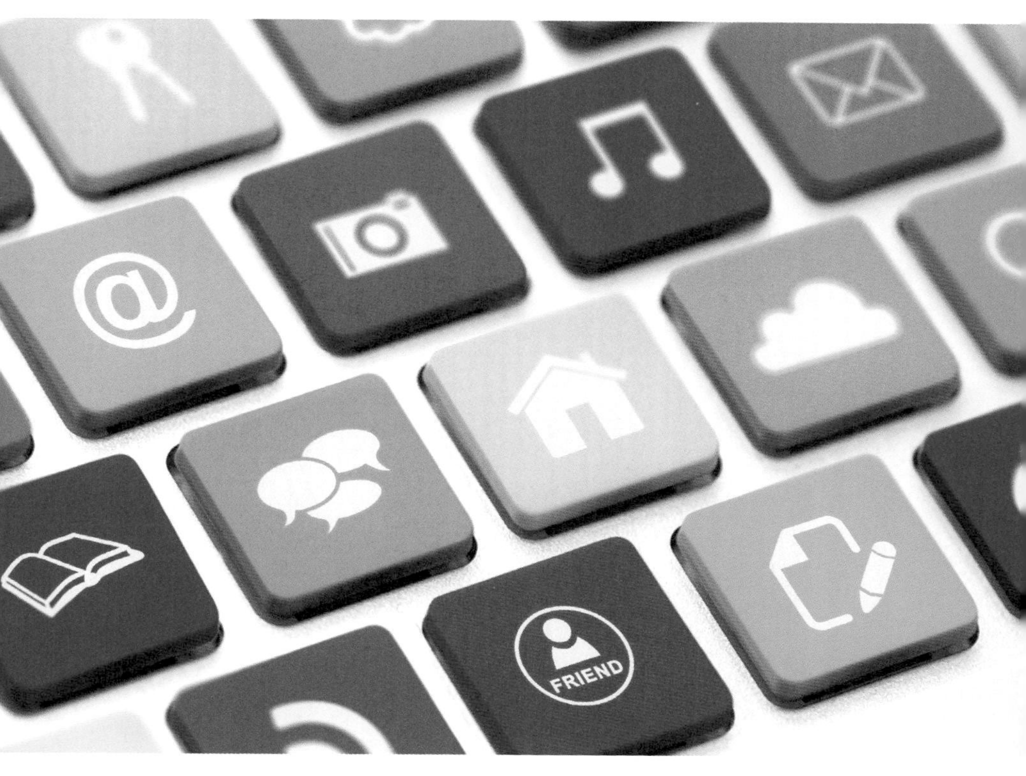

傳播媒介的重心由電視轉向網路，導致媒體在標題、內容方面有所改變。

但在朝野攻防下，至今仍未有具體成果。

雖然臺灣社會已經對媒體壟斷有基本的警戒，但隨著通訊媒介日新月異的發展，媒體環境的爭議似乎早已超出過去「跨媒體集中度」的爭議。臺灣的新聞審查一直有換照制度的審查機制存在，從一開始由行政院新聞局負責，後來把此業務移交給二〇〇六年成立的ＮＣＣ。每六年一次的換照審查中，也曾在二〇〇五年做出了七家頻道不予換照的處理。為何二〇二〇年的中天新聞臺換照會引起如此大的爭議？主因即在於中天新聞的內部自律失控，造假新聞、新聞廣告化、立場偏頗，讓中天新聞臺在二〇一九年之中被民眾向ＮＣＣ投訴了近千次。再者，中天新聞臺也被質疑董事長直接介入新聞製播，並可能接受國外勢力的資金等等。這些爭議，都讓中天新聞臺多次被ＮＣＣ裁罰，並在最後做出不予換照的決定。但中天新聞並沒有就此消失，而是更大舉進入網路世界，繼續製播新聞。

媒體困境與臺灣公共電視的局限

在中天新聞臺的爭議背後，值得注意的有兩點：第一，國內與國外政府試圖掌握媒體輿論；第二則是網路的發展更模糊了新聞與綜藝節目的界限。就第一點來說，無論是本國還是外國政府，在國際上都有試圖控制媒體以影響輿論的企圖。目前國際上的做法多半是要求新聞臺必須在電視或網路上加註是否接受政府資金。以歐洲來說，不管接受法國、德國或俄羅斯政府的資金，都必須在影片下方加註，以便讓閱聽大眾得以判別這些報導角度背後可能隱含的立場。而就第二點來說，這可能是目前最棘手的部分，且要處理的議題相當多。以歐洲、美國的現況來說，主要面對的問題可能有：第一，網路平臺讓資訊分眾化、碎片化，容易讓假新聞、錯誤的訊息在網路發酵，製造極端主義；第二則是由澳洲最先發難提出，臉書不負責製造新聞，卻是目前大眾汲取新聞的最主要平臺，因此澳洲決定臉書須向高成本的新聞製作付費，才能刊登這些新聞。這項決定雖然最後被臉書抵制，由澳洲讓步收場，但可以看出網路時代，媒體的多方面困境。

回到臺灣，我們似乎還沒有足夠的能力去討論這些問題，因為臺灣媒體為了網路點擊率，許多新聞製作更偏向聳動的標題、八卦或是綜藝式報導方式。這背後也隱含了臺灣媒體平臺由電視大幅轉向網路的過程，代表了臺灣媒體公共性還有待加強。

有人會問：「我們不是還有公視？」日本NHK、英國BBC、歐洲的ARTE，都是常拿來和臺灣的公視做比較的對象，而老生常談的便是法規限制多、資金不足且難以向企業勸募等等。這當然與政府一開始並沒有想扶持公共電視發展有關，甚至還限制公視製播每日新聞的權限。此外，這個現象也與臺灣一開始只以「電視」來設定公視的發展有關，因此目前公共媒體的法規只有《公共電視法》。這在網路與內容產業的時代已不足，因此在鄭麗君、李永得兩任文化部長任職時都想推動《公共媒體法》的修訂，以修正問題、完備公視的陣容。這項草案備受各界檢視，主要批評者認為這是臺灣政府想控制公視來操控文化與輿論，因此法案始終難以上路。

思考題

臺灣的媒體改革都是伴隨著社會脈動而來，民主化、財團壟斷、網路興起等，都是不同階段對於臺灣媒體的考驗。但這麼多年來，臺灣媒體的公共性似乎都沒有得到完善的建立。人民對於交給國家的某個委員會來審理新聞、打造公共媒體有著高度的疑慮，但在假訊息充斥的網路年代，我們似乎又更需要公共媒體的出現。距離打造臺灣的ＢＢＣ，仍是一條漫長的道路。若要完善臺灣媒體環境，有什麼事可以從自身做起呢？

社會運作的基礎

——國家政策與個人利益——

第11課 吸菸是人權嗎？——無菸世代的不平等

「吸菸有害健康」，類似的警告標語與口號充斥在我們的生活周遭。隨著衛教知識越來越普及、尼古丁副作用的相關研究陸續出爐，吸菸與健康損害的關係變得相當明確，也成為全球公衛的重要議題，各國政府更積極地設立相應的菸害防制計畫。然而，隨著菸草的種類逐漸多元，相關的防治法規便需要相應而生，例如電子菸帶來的健康傷害，以及相應的防治辦法，目前都還沒有明確答案。另一方面，「吸菸是人權」或是「吸菸的階級劃分」也帶來另一種聲音，使社會大眾注意到標榜「促進人民健康福祉」的禁菸政策，可能隱含哪些不平等的後果。

國際邁向無菸世代

聯合國從二〇〇〇年初期起就關注菸害防制的問題，聯合國旗下的衛生專門機構——世界衛生組織（WHO）於二〇〇三年五月，第五十六屆世界衛生大會通過《世界衛生組織菸草控制框架公約（簡稱FCTC）》。這是聯合國史上最快速被批准的條約，目前約有一百八十二個締約國，少數未簽署的國家如美國、阿根廷等。

該條約的目標在於減少菸草需求、減少菸草供應，具體措施如廣泛禁止菸草廣告、提高價格和稅收、在菸草製品上印製健康警告標籤，避免人們接受二手菸的措施等等，試圖保護現在及未來的世代，免除於接觸菸草消費、吸菸後的毀滅性的健康、社會環境與經濟後果。

聯合國世界衛生組織在二〇一七年五月三十一日設立了「世界無菸日」，並且搭配「SDGs永續環境發展目標」，鼓勵各國將菸害防制納入國家層級的行動綱領，一同打造「二〇三〇無菸世代」。然而，有感於各國的菸害防制進程緩慢於原先目標，二〇一九年的FCTC締約國會議之中也規劃了《二〇一九～二〇二五年加速菸草控制全球戰略》，希望能夠更積極地敦促各國落實公約內容。

為了配合聯合國的目標，歐洲各國及日本也有相應的政策。英國希望能夠配合二〇三〇年無菸世代的目標，在各地制訂了相關措施：威爾斯在二〇二〇年將吸菸率降至16%，英格蘭將在二〇三〇年終止吸菸，北愛爾蘭與蘇格蘭想打造二〇三四年的無菸世代。截至二〇一九年止，英格蘭的吸菸率為13.9%，其中威爾斯的吸菸率降為15.5%。但BBC報導卻指出，國家政策似乎並沒有朝向更嚴苛的徵收菸稅邁進。法國、德國也釋出符合FCTC的國家政策，例如法國菸稅高達80.6%／包，德國全面禁止吸菸廣告。

吸菸者的吸菸權利也是應受保障的人權之一嗎？

回到東亞的情況，日本雖然為FCTC的締約國，卻是禁菸法律進程相對緩慢的國家。在日本雖然室外禁菸，但是廣設吸菸室，路上也有許多香菸販賣機，且室內可吸菸場所，也沒有嚴苛的年紀規範。當初為了二〇二〇年東京奧運，在二〇一八年修正了《健康增進法》：二〇一九年七月起禁止於學校、醫院、行政機關等公共空間吸菸；二〇二〇年則是餐廳、旅館、車站與大眾運輸工具禁菸。

臺灣的菸害防制政策

回到臺灣的情況，臺灣於二〇〇五年簽署FCTC，並於二〇〇七年修正《菸害防制條例》，包含禁止菸品廣告、調整菸草稅、香菸商品上設有提醒標語等。在臺灣市售菸品價格包含三類：菸稅、菸捐與未稅菸價。菸稅是基於菸品對人體之危害，所收取的「特種消費稅」，希望由提高價格來影響消費行為，降低對菸品的消費；菸捐則是「健康福利捐」，做為衛生福利部國民健康署專款專用，例如長照、罕見疾病醫療等。二〇一七年六月起調整菸稅：一包香菸「菸稅」從11.8元調整至31.8元，菸捐維持目前每包二十元。二〇一九年菸捐預估收入為兩百五十五億。

在吸菸區域的調整上，臺灣政府於二〇〇九年全面禁止室內及工作場所吸菸，目前為止成效良好，僅剩下少數娛樂場所仍然會有室內吸菸的情形。二〇一九年擴大室外禁菸範圍，包含便利商店、咖啡店、騎樓、公車站、公園等公共空間全面禁菸，雙北市政府並於二〇一九年九月起加強取締。

然而，臺灣政府的菸害防制政策卻也引來民眾反思。雖然大眾認為在公眾場合聞不到菸味是一件好事，卻有立委、民眾質疑，臺灣幾乎沒有設立戶外吸菸區，直接禁止許多公共場所禁菸，可能會直接剝奪吸菸者的吸菸權利。

吸菸也是人權？

當吸菸被視為一個公衛議題，正是因為吸菸的外部成本——旁人可能聞到菸味。但是維護大眾健康的同時，相應的禁菸舉動也可能已經侵犯了吸菸者的吸菸權利。

臺灣的法律學者普遍認為，根據《憲法》第二十三條的法律保留原則「以上各條列舉之自由權利，除為防止妨礙他人自由、避免緊急危難、維持社會秩序，或增進公共利益所必要者外，不得以法律限制之」，從這樣的法律條文出發，個人擁有吸菸權，但是公民也擁有健康權。在這兩者權衡之下，才制訂了《菸害防制法》，限制特定的空間禁止吸菸。但是，我們可以回過頭來思考，現在的法律對吸菸者會不會太嚴苛了？以空間為例，如果二手菸真的會造成他人的傷害，那「吸菸區」的設立，是不是能夠避免二手菸的傷害？

雖然政府有立法規定可以設立吸菸區，但是多數機構目前並沒有設置吸菸區，加上公共空間越加嚴苛的禁菸政策，使得癮君子越來越找不到空間吸菸。

支持禁菸政策的人或許會認為：「那就戒菸啊！」但是不同階級背景，以及不同身分狀態的人，或許沒有相同的戒菸條件。例如精神科醫師與社會學學者陳嘉新曾說明，精神病患者中有超過90％是吸菸者，醫學上認為吸菸行為是他們在自我治療。英國的研究顯示，資源貧乏的社區吸菸率超過70％，而資源優裕的社區吸菸率低於20％。

另外，根據國民健康署調查，二〇〇八年十八至三十九歲男性教育程度大學或以上者，吸菸率僅有22.5％，但高中職教育程度者吸菸率有41.6％；而教育程度在國中或國中以下者，吸菸率高達70.7％。相同的禁菸政策，或許對於低教育程度、低社會經濟背景的人而言有較大的影響。未來在設定相關的法律時，也需要考量禁菸政策背後隱含的不平等因素。

思考題

你贊同在公共場合劃設吸菸區嗎？你怎麼看待臺灣現有的禁菸政策？

第12課　不爽就可以罷工嗎？——罷工的合法程序

勞動三權在臺灣

一八九八年（日治臺灣第四年）艋舺碼頭封箱工人罷工是目前紀錄上臺灣最早的罷工活動。一九二八年，隨著臺灣民眾黨促成「臺灣工友總聯盟」成立，更出現了史上第一次的全島串聯罷工。直到一九三〇年代，總督府開始取締左翼活動，工運活動才逐漸消失。

戰後國民政府接管臺灣。雖然中華民國自戰前便立法保障罷工，但戒嚴時期嚴禁罷工。勞工若發起罷工，依《臺灣省戒嚴令》最重可處以死刑。當時雖有工會，但大多由資方或黨政系統掌握，經常被譏笑為「花瓶工會」。直到一九七〇年代中，才開始出現「自主工會」與新一波勞工運動。

我國自一九九五年釋字第373號大法官解釋起確立「勞動三權」，三權亦各自對應到「勞動三法」，分別為：

1. 自由結社權：組成工會，對應《工會法》。
2. 團體交涉權：透過工會與公司協商勞動條件，對應《團體協約法》。

3.團體爭議權：罷工，對應《勞資爭議處理法》。

三權的行使皆以組成工會為根本。然而，《工會法》規定需有三十名勞工發起連署，才能組織工會。三十人的門檻除了高居世界各國的前段班之外，更排除了一百二十六萬家雇員未達三十人的企業，也就是臺灣97.7%的企業。

此外，截至二〇二〇年底，扣除俗稱「勞保工會」的職業工會（如雇員少於五人，雇主依《勞工保險條例》可以不投保勞保，此時勞工必須加入職業工會才能享有保障；但並非所有職業工會都只有「勞保工會」的功能）及跨企業的產業工會之外，臺灣的企業工會僅有九百一十七家，會員數五十八萬九千九百五十二人，占當年度受雇人口的6.4%。換句話說，只有這6.4%的勞工才有機會透過企業內的工會行使勞動三權。

臺灣的合法罷工程序

首先，根據《勞資爭議處理法》第五十四條，並非每個勞工都可以罷工：

1.不得罷工：教師、國防部及所屬單位、學校勞工。

2.需維持最低運作才能罷工：自來水事業、電力及燃氣供應業、醫院，及部分金融服務。

此外，不屬於勞工的軍人、公務員也不得罷工。

確定所屬行業可以罷工後，必須完成以下程序，才能正式罷工：

1. 調解：由地方政府勞動主管機關（勞動局、勞工處等）出面，調解工會與資方間的勞資爭議。
2. 調解不成立：確定調解不成立後，才能進入罷工投票。
3. 罷工投票：由工會全體會員以直接、無記名投票且過半數同意，方得罷工。

考量到臺灣的工會組成門檻及工會覆蓋率，要完成上述程序實屬難上加難。根據勞動部統計，自二〇〇九年至二〇一九年以來，全臺灣僅有十四起罷工。

罷工爭議：二〇一九年華航機師罷工

二〇一八年六月，華航機師因過勞班表等議題，透過「桃園市機師職業工會」提起勞資調解失敗，並於七月投票。八月，投票結果出爐，機師工會得到罷工權。政府安排勞資重新調解，於月底達成共識。

然而，隔年一月，華航資方片面毀約且態度強硬，機師工會於二月一日（農曆十二月二十七日）通過重啟罷工。政府隨即介入協商但無果。機師工會最終於二月八日（農曆正月初四）開始罷工，超過六百名機師參與。罷工持續至二月十四日（農曆正月初十）勞資雙方簽署團體協約為止。

此次罷工發生於春節期間，一共超過兩百四十一班航班取消、超過兩萬六千名旅客受到影響。雖然機師工會早自前一年開始提起勞資爭議、舉行罷工投票，但不少社會輿論仍認為應設立「罷工預告期」，限制工會在取得罷工權後經一定天數才能罷工。

支持設立罷工預告期的人認為，大眾運輸屬於特許行業，涉及大眾交通安全及公共利益，應透過罷工預告期降低對民眾的衝擊。然而，反對設立罷工預告期的人則認為，臺灣罷工門檻高，從開始調解到舉行投票耗時長久，事實上就已經具備預告期的功能，也足以讓資方先行與勞方協商、避免罷工發生。此外，航空產業並非壟斷行業，在勞資爭議的同時，消費者便可以選擇其他業者。

罷工一事反映的更是國家與社會關係的呈現。以罷工文化興盛的歐洲來說，由於有相當長久的行會傳統，所以衍生出人民之間彼此合作，制訂規章、爭取利益的傳統。而許多歐洲國家的轉型，更是透過與社會上的各階層分享權力而得以穩固。

各國的罷工程序

法國

工會覆蓋率：7.9%（二〇一五年）

在法國，除了公務員之外，合法的罷工只須滿足三項條件：

1. 必須完全停工，不能只是怠工
2. 必須是勞工集體停工，不需由工會發起
3. 具備合理的勞資爭議事由

只要符合上述條件，即便沒有事前警告、事前不與雇主協商、曾與雇主簽訂團體協約，仍然屬於合法罷工。

比利時

工會覆蓋率：54.2%（二〇一五年）

比利時法律並無明文規定工會如何組成、罷工程序為何，亦無規定預告期。實務上，勞資雙方會先透過協商試圖解決勞資爭議，並事先透過團體協約規定罷工預告期。通常，航空業罷工會在十五天前預告。

日本

工會覆蓋率：17.3%（二〇一六年）

在日本，只需兩個人便可成立工會。不過，警察、自衛隊、公務員不得組成工會。日本《工會法》規定，只要會員（或是由會員無記名投票選舉的代表）直接無記名投票過半數通過，便得以開始罷工。不過，運輸業等公共利益行業依法必須在十天前預告。

罷工的程序與時間冗長，是否能直接視為罷工預告期呢？

韓國

工會覆蓋率：10.1％（二〇一五年）

韓國也是兩個人便能成立工會。韓國工會罷工前，必須先申請勞資調解，並經工會成員直接無記名投票過半數通過，才得以在向政府機關預先報備後開始罷工。

美國

工會覆蓋率：10.3％（二〇一六年）

美國有聯邦層級的《全國勞動關係法》，雖未明文規定工會組成和罷工程序，但規定工會必須事前向聯邦調停調解局等單位預先通報，方得罷工。此外，勞資協議到期前六十天，只要資方通知勞方有意重新議約，在這六十天內勞方亦不得罷工。

思考題

在臺灣，有論者認為必須站在保護消費者權益的立場設立罷工預告期，也有人認為耗時長久的勞資調解、工會投票程序就足以發揮勞工預告期的效果。你認為哪種論點較合理？臺灣有需要設立罷工預告期嗎？

第13課 軍中的特別權力關係——臺灣軍事審判

二〇一三年洪仲丘事件與軍事審判改革

二〇一三年七月，國軍義務役下士洪仲丘因不當懲罰在禁閉期間身亡。雖然軍事檢察署事後起訴十八名涉案官兵，交由軍事法庭審判。然而長期以來軍事審判的公正與透明便廣受質疑，在該案件中，軍事檢察署的起訴書也有數點爭議。該案廣受社會關注，並促成公民團體在該年七、八月兩次於凱達格蘭大道舉行大規模遊行活動，訴求改善軍中人權。

在八月三日的「萬人送仲丘」遊行中，公民團體提出「非戰爭時期，軍法審判全面回歸一般司法機關」訴求，獲得行政院及立法院朝野黨團的正面回應。八月六日，立法院隨即通過《軍事審判法》修訂，非戰爭時期的軍事案件皆回歸普通法院審理。過渡期結束後，國防部管轄的軍事法院、軍事檢察署、軍事監獄、軍事看守所便正式走入歷史。

二〇一三年《軍事審判法》修訂案通過，非戰爭時期的軍事案件將回歸普通法院審理。

臺灣的軍事審判

在二〇一三年《軍事審判法》修訂之前，軍人如果觸犯《陸海空軍刑法》及其特別法，將由軍事檢察署起訴，軍事法院審理。如需羈押的話，則由軍事看守所處理。倘若判刑，則由軍事監獄執行。軍事法院、軍事檢察署、軍事監獄、軍事看守所皆隸屬國防部，其中的人員皆為軍人身分，與普通案件的法院（隸屬司法院）、檢察署（隸屬行政院法務部）、監獄（隸屬法務部矯正署）、看守所（隸屬法務部矯正署）有所不同。

由於軍事審判官（相當於普通法院的法官）及軍事檢察官都由軍人出任、由國防部管轄，除了不符合「權力分立」（國防部是行政機關卻有司法權）及「審檢分立」[5]等原則外，相關人員仍然處於軍事指揮系統之中。長年以來，軍法人員能否不受軍中長官的影響獨立進行審判一直備受質疑。

軍事審判與特別權力關係

法律為什麼要授權國軍成立自己的司法體系呢？這是因為在我國的法律體系中，軍人和公務員、學生、受刑人一樣，與國家處於「特別權力關係」：對於這些強調紀律與服從的職業或身分，為了方便管理，國家的行為不受到普通法律的拘束，同時限制這些人的權利救濟管道。

特別權力關係緣起於德國，經日本傳入我國。在十八世紀末的德國，學者以中世紀君主與家臣的關係做為譬喻，來解釋君主立憲制下國家與公務員的關係。然而，隨著時代演進、法治意識上升，特別權力關係限制權利救濟管道的做法也逐漸遭受非難。一九九七年的釋字第430號大法官解釋[6]、二〇一三年《軍事審判法》修訂，都鬆動了我國軍人與國家間的特別權力關係。

各國的軍事審判

德國：由普通法院管轄

德國雖為特別權力關係的起源地，但二戰後的《基本法》便規定「任何人之權利受官署侵害時，得提起訴訟」，而聯邦憲法法院也在一九七二年的判決中確立特別權力關係中的人民仍具有基本權利。因應這些變化，目前德國法學界大多改以「特別法律關係」指稱特別權力關係。

5. 審檢分立：為確保法官及檢察官彼此獨立行使職權，法官與檢察官的所屬機關、行政資源與升遷管道必須完全不同。我國自一九八〇年起確立檢察署隸屬法務部，法院隸屬司法院。

6. 釋字第430號大法官解釋中，認定人民的權利或法律上利益遭受損害時，不得僅因其身分或職業關係，就限制其依法定程序提起訴願或訴訟。

此外，雖然德國《基本法》授權政府針對國防事件或武裝部隊成員設立軍事法院，但至今從未援引該法條。因此，目前德國軍事案件皆由普通法院管轄。

日本：由普通法院管轄

日本行政法受德國影響深厚，使用特別權力關係解釋公務員、受刑人、公立大學學生、公立醫院病患與國家間的關係，但也透過不同判例，確立特別權力關係僅能在合理範圍內限制人民權利。此外，自一九七七年之後，日本法學界逐漸開始以「部分社會論」取代特別權力關係。

此外，日本戰後的《憲法》為確保司法平等，規定不得設立特別法院，因此戰前的皇室法院及軍事法院便不再存在。《自衛隊法》亦規定自衛隊隊員犯罪和平民相同，皆由普通法院審理。

歐洲：《歐洲人權公約》

《歐洲人權公約》第六條規定人民具有受到公平審判的權利，且提及法院必須「獨立且公正」。歐洲人權法院曾依該條文認為烏克蘭和土耳其的軍事法院不符合「獨立且公正」的原則——烏克蘭的軍事審判官由國防部指派，且軍事法院的費用由國防部支出；土耳其的軍事審判官納入沒有法律背景的軍官。

因應該公約，土耳其重新擬定軍事審判的法律，重新設立符合規定的軍事法院。

思考題

如果你是二〇一三年《軍事審判法》修訂之前的軍事審判官，在面臨「公平審判」與「服從軍令」兩種價值的衝突時，你會如何選擇？你認為因服從軍令而做出不公平審判的軍事審判官，應該獲得諒解嗎？

第14課　經濟振興與紓困——危難下的國家經濟與財政政策

經濟危機的修正與平衡：經濟政策工具

臺灣公民課本在經濟學篇章經常提及「看不見的手」，出自亞當斯密《國富論》的這句話，牽動了自由價格機制等古典經濟學理論學說。這句話背後的原理假設價格單純由市場上的供給與需求決定，使得資源生產和分配會自然趨向合理與平衡的狀態，彷彿有隻看不見的手在操作市場機制。但當代奉行資本主義、自由市場機制的社會，因為貨幣與銀行政策、工資與購買力、國際貿易與投資動盪等因素的複雜擾動與經濟不平等、財富與資源分配問題，多數國家政府仍對市場與經濟活動進行程度不一的監管與介入，許多當代公民也對天災人禍、景氣風暴來襲時，政府實行振興或紓困措施習以為常。

民主國家中央機構由小政府走向強力實施經濟計畫的大政府，開先河的著名案例之一為美國羅斯福總統任期間承續部分前任施政、大力推動擴張的「新政」（The New Deal）。為了應對一九二九年開始，至一九三〇年代蔓延的經濟大蕭條，羅斯福於一九三三年第一次總統任期開始，推出一連串統稱為新政的經濟紓困、振興與改革政策。在他的任期中，美國聯邦政府的組織規模擴張，創設了超過六十個聯邦所屬或全國性的機構和企業，負責發放緊急紓困金，以及推動從植樹、疏水到公園、公路、水壩、機場和學校等公共建設與服務，並根據新修法案監管金融交易、規範工會組織與社會福利制度修訂，企圖讓政府成為最大經濟活動行為者，創造就業與消費機會、振興工商業以穩定經濟發展。

紓困？振興？政策目的大不同

上述羅斯福總統的新政，以及一般國家舉債推動的大型建設計畫，多半屬於宏觀規模的國內產業發展推動、創造勞動力與消費需求以振興、活絡經濟，或者以賦稅調節、金融與貨幣政策如調降利率、中央銀行購入民間資產等，間接影響利率與國際貨幣市場波動，製造有利國內吸引投資、貿易出口的條件。

二〇二〇年全球爆發新冠肺炎疫情，經濟活動大規模且多面向地受到衝擊，振興民生經濟與針對民眾、事業體的財務紓困，成為各國政府在防疫之外的另一個焦點。與金融海嘯帶來的全面性經濟與信心崩盤不同，疫情導致的經濟緊縮原因之一為特定消費型

經濟振興的目的為刺激消費、活絡市場。

態與產業如餐飲、觀光、運輸、藝文、運動休閒產業，容易受到病毒傳播的影響，民眾迴避染疫風險不去消費，也可能必須配合防疫措施而暫停、縮減營業規模，流失收入。紓困政策針對這些受到疫情影響的企業商家、從業工作者，或者因疫情失業、損失收入的勞工與組織，給予現金、貸款方案、利息補助、緩徵稅等救急補貼措施，支援其維持基本運作與生活，降低緊急危難狀況帶來的財務風險，能安然度過疫情。

新冠肺炎下的振興經濟措施

經濟振興也是短期市場有劇烈波動，或者重大公共事件強烈衝擊經濟時的政策手段，通常目的為刺激消費、活絡市場。就帶動消費而言，紓困政策補貼在緊急狀況下有財務風險的民眾，讓他們能進行基本民生消費，但目的仍以緊急救助為主，也不一定刺激額外、非常態消費。相較於金融危機，新冠疫情下的振興政策更需要考慮優先惠及疫情影響首當其衝的產業，在疫情減緩之際，吸引消費者回流。二〇二〇年臺灣政府曾發行藝fun券、提撥運動發展基金發放動滋券等，限定消費使用範圍，針對受疫情衝擊的藝文、運動休閒等特定產業，增加消費誘因與協助重振經濟。同年「振興三倍券」發放政策，由民眾自費一千元，兌換三千元面額的振興券，期望增強即時、額外的消費意願，達成短期內不讓市場萎縮的目標，也鼓勵業者推出搭配振興券的加碼優惠，提升「兌換、使用振興券」行為的價值，期待更多的「報復性消費」激發經濟乘數效應[7]。

思考題

你覺得振興券是一筆「意外之財」嗎？若新冠肺炎疫情下的振興券政策限定於受衝擊的特定產業，你還會願意持券消費嗎？全國各地各產業受疫情影響程度不一，也有產業如電商、數位內容逆勢成長，在哪些狀況下，我們會需要針對性或廣泛性的紓困與振興政策？

7. 經濟乘數效應：指在市場上投入某種變數，而產生後續一連串或正面或負面的消費、投資等經濟行為。

第15課　健康風險誰來負擔——健保與社福制度的困境

社會保險制度

社會保險為社會安全制度的一環，通常運作原理為國民繳納保費注入公部門設立管理的保險公共基金，以社會共同分攤風險與自助互助概念、政府依法管理的機制設立一道社會安全網，使具有不同社會條件、經濟能力不一的國民，平時僅需繳納相對低額的費用，在遭遇民生困境與生命和健康問題、緊急危難等狀況時，能得到從公基金撥提的基本生活補助與資源協助，與一般商業保險接受自由入保、保險項目與額度隨保費金額高低與納保方案變化，大為不同。

臺灣目前施行的社會保險制度，主要依職業別區分，將從事不同行業的國民納入軍、公教、農業、勞工保險等，針對職場與生活中失業、意外、職業傷害、退休等可能帶來經濟風險的狀況，給予基礎的生活保障及經濟扶助，還有強制納入二十五至六十四歲未加入職業保險國民的年金制度。

臺灣：全民健康保險

臺灣的全民健康保險，基本上強制所有合乎資格的人納保，由行政院衛生福利部管理施行，保費根據不同薪資層級設計對應的費率，身心障礙者與中低收入戶也有保費補助，體現重視風險承擔能力的量能原則，勞工也有雇主協同負擔六成、自費負擔四成、政府負擔一成保費（無雇主者自費六成，政府負擔四成）等措施，讓不同生活境況下的人能至公、私立醫療機構使用基本的醫療照護和資源，並在健保基金支助下，減輕部分自費醫療項目的負擔。

然而，在臺灣醫療服務看似便宜又品質穩定的背後，健保制度有累積多年的問題與隱憂。由於健保完全實支實付、給付金額隨著治療費用高低浮動調節的制度，改為將疾病分類，相同類型但需不同難度與支出的治療給付，卻適用同樣的固定給付額度限制，可能造成醫療機構提供不同難度與內容的治療，卻只能獲取相同報酬。醫療機構在營運壓力下，也可能傾向引進取得成本低的藥物醫材，以透過價差提供有競爭力的服務價格以及獲利，可能影響醫師能給予患者的最佳治療選擇，或者讓病況複雜、超出健保給付能力範圍的病患，成為醫療皮球，導致治療困難與延誤、醫療糾紛。

目前政府持續推動「分級醫療」，期待改善對於健保「便宜又大碗」的迷思，引導民眾分流至合適層級與專業的醫療機構進行診治，有效分配醫療資源，也間接改善民

便宜又穩定的醫療服務背後，有著累積多年的隱憂。

眾追蹤健康狀況、求醫利用資源的觀念。分級醫療固然是觀念與制度改革的重要環節，浮濫求醫求藥現象也確實存在，必須從根本檢視各項治療、藥物給付的合理性，重新評估，以確保健保給付讓民眾與醫療機構能夠更無礙運用醫療資源，讓治療與醫學技術人員發揮高價值，避免財務狀況被效果相當有限的浮濫項目、高額補貼常見小病而未有效補助重大傷病的消耗拖垮，同時阻礙醫療新科技與新學理、觀念的引進普及。

近年少子化、邁向超高齡社會的社會變遷，直接衝擊到未來健保保費收入的多寡與來源，也考驗了在人口結構、社會與環境快速變動之際，面對新型態、新定義的疾病、醫療與健康需求，醫療資源分配和健保制度設計該如何重新想像與調整。

外國公醫制度與醫保市場機制

除了強制社會保險制度，有些國家採取政府籌資、醫療人員納入公務人員的公醫制度，英國即為醫療體系公營的代表之一。但公營基礎醫療服務免費也衍生出病患人數過多、資源利用效率產生疑慮、增加政府財政負擔，進而影響到療程延後與病患等待時間拉長。面對日漸增加的醫療需求與工作，調整幅度小的勞動條件，使醫師勞動環境惡化，目前也面臨了改革的瓶頸。

美國可謂光譜另一端的代表國家，醫療健康保險制度偏向市場機制。長者、退休軍人等群體由國家提供基本保障和福利，但一般工作者，則受限於雇主選擇提供的民間保險，曾引起因雇主宗教信仰，不提供給付人工流產或其他婦產科相關治療檢查項目的員工保險爭議；其他群體、無業者可能受制於經濟能力條件，難以負擔入保與選擇適合的保險。另外，個人選擇保險與診療的過程中，注意給付與醫療服務範圍、金額與內容，從了解資訊、入保到實際求診所花費的時間心力、費用與資訊門檻也往往相當高昂。然而，使用者付費的自由市場制度，一定程度上也支撐了醫療服務多元化、醫療技術發展的環境。

思考題

你認為全民健保或公共醫療制度的核心價值，在於讓民眾享有低價基本醫療，還是保障不同健康狀況的民眾有機會獲得相應的適切治療，以社會公器扶助重大傷病患者呢？

第16課　能源轉轉轉——臺灣能源轉型怎麼運行？

重新看待能源轉型

一八七一年開始營運的斯德哥爾摩中央車站，是全瑞典最大的火車站，也是北歐地區交通轉乘的重要樞紐，每日約有二十五萬名旅客來來往往，不只是乘坐列車，他們也會在車站裡飲食、購物。這些為數不少的旅客活動本身就蘊含大量熱能，這些熱能以往都只是讓它們隨風而逝。直到二〇一一年，有了新的轉折——當地房地產公司想出妙方，打造出大型通風系統，收集旅客活動散發出來的多餘熱能，進而轉換成熱水後泵送至附近一棟辦公大樓，做為該建物暖氣系統的一部分。這套系統對位於寒冷北歐的商業大樓來說，可說是大大減少了一筆可觀的暖氣費，節省約25%的能源支出，且造價並沒有想像中昂貴，據報導為四萬七千美元（約新臺幣一百五十萬元），卻成功打造出經濟又有趣的能源妙用。

透過這個具體而微的例子，讓我們一起跳脫既有能源議題的標籤、對立和框架，重新看待能源轉型。除了不同種類電廠的在地建置，能源轉型有一大部分涉及能源與電力系統的整合，包括不同能源類型的組合、能源系統的彈性調配、智慧電網的設置等。要推動能源轉型，需要的不只是物理、機械與工程學問，還有資訊科技、政策框架、經濟制度以及地方治理等多元專業，比一般人所想像的來得更為寬廣。

能源轉型背景與浪潮

十八至二十世紀，蒸汽機、內燃機等技術革新，加上勞動力成本上漲、新能源發現等種種因素，促使工業革命的發生。當時的人們逐漸從燃燒木材、傳統風車與水車等能源利用，轉向煤炭、石油等化石燃料，並形成龐大且難以撼動的石化產業鏈。

一九七〇至一九八〇年代中東地緣政治的緊張與衝突，接連引發了兩次石油危機，原油每桶價格在短時間內翻升了三、四倍以上。各國深切感受到能源之於國家安全的重要性，紛紛制訂相關政策以減少對外國石油的依賴。好比法國便從燃油發電轉向核電，巴西的交通運輸系統從石油轉向甘蔗（乙醇生質能），仰賴石油進口的臺灣在這波衝擊中亦有所動作。一九八〇年，臺灣即通過《能源管理法》，希望藉由法令的制訂，以達成能源節約為目標，可說是臺灣政府早期關注能源議題的關鍵點。

隨著技術革新，核電廠於二十世紀後半開始蓬勃發展。核能優勢在於燃料能量密度高，不會如化石燃料排放大量的二氧化碳，卻有著鈾礦開發污染、核能安全疑慮，以及核廢料帶來的環境正義問題。一九八六年車諾比核災後，德國學者Ulrich Beck指出高科技與高風險的連結，而核能做為高度集中型的科技，正是人類從工業社會走向風險社會的重要象徵。二〇一一年日本福島核災的發生，亦讓德國、臺灣等國數以萬計的民眾走向街頭遊行，並促使臺灣當局於二〇一四年宣布封存龍門核能發電廠（即核四）。

二十一世紀頻繁而至的極端天氣事件，令世界各國密切關注起氣候變遷的議題，發起「節能減碳」的宣示口號以削減石化能源產生的大量溫室氣體。二〇二〇年，美國、中國及歐盟等各國政府相繼做出溫室氣體減排的具體承諾，大力追求綠色能源的生產使用。企業方面，亦在企業社會責任（Corporate Social Responsibility，簡稱CSR）、永續投資（Environment, Social, Governance，簡稱ESG）等浪潮中開始注重環境責任，例如全球半導體龍頭台積電便與沃旭能源（Ørsted）簽訂再生能源購電契約，包下大彰化離岸風場二十年的發電量。

兩次世界石油危機、兩宗全球重大核能事故、多起極端天氣災害，推動了國內外現正發生的能源轉型，促使再生能源的推行、能源效益的增進，能源的使用正從石化燃料轉向綠色能源，從而降低對環境及人類生存的衝擊。

臺灣能源轉型的現況與挑戰

近年來，雖然能源議題備受社會關注，不過仔細檢視二〇二〇年臺灣的發電結構，再生能源僅占臺灣發電結構的5.4％。在再生能源之中，占比最大的太陽光電為40％，之後依序為廢棄物23％、慣常水力20％、風力15％、生質能1％、地熱不足1％。其中廢棄物發電、水力發電乃是既有能源，水力發電更因為降雨不足而於二〇二〇年創下二〇〇二年以來新低。以下先就占比較重、發展潛力大的太陽光電、風力發電分別敘述。

自二〇〇九年《再生能源發展條例》公告施行以來，至二〇二〇年成長最明顯的再生能源為太陽光電。十年來，太陽光電每年發電量平均成長近九成，更在二〇二〇年躍升為再生能源主力。除了在自家屋頂裝設太陽能板外，近年來中租全民電廠、陽光伏特家等企業亦開放讓全民以小額資金參與認購，有助國內太陽能蓬勃發展。

太陽能板的設置地點除了居家屋頂外，近年政府更力推農電、畜電、漁電共生。早期政策法規不完備，令農電共生在開放後便衍生「假農作、真種電」亂象，導致農地大量流失；漁電共生亦有類似的漁塭、鹽田及濕地遭受破壞等爭端。畜電共生在推動上爭議較少，屋頂的太陽能板還具有遮蔭效果，能為畜舍、禽舍降溫。

太陽光電主要可分為屋頂型、地面型兩種。綜觀看來，由於屋頂型太陽能板大多是善用原本閒置的屋頂空間，若開發成功是美事一樁，爭議也較少。而地面型太陽能板

位於臺中高美濕地的風力發電廠。

若開發不當，很容易侵占原本的土地用途，或設置於淺山地帶容易危及石虎等動物棲息。政府在爭議爆發後陸續修法規範，但成效如何仍有待觀察與監督。

風力發電亦是近年政府大力發展的再生能源。我們平常所稱的風力發電，按裝置地點不同有兩種：陸域風電、離岸風電，其中發展較早的是陸域風電。關於陸域風電的開發，早年曾有過「苑里反瘋車」的抗爭。究其原因，乃是臺灣地小人稠，加上法令未規劃完備，以致開發商設置的風力發電機距離居住區過近，恐造成長期低頻噪音等問題。對於這點，旅德記者林育立以德國經驗指出，在規劃陸域風場用地時，當地政府會給出明確的建議值，如一般住宅區方圓六百或一千公尺內不得開發風機，又如巴伐利亞邦祭出嚴格的「十倍高」規定，即風場離住宅區的距離至少是風機高度的十倍，相當於兩千公尺遠。

至於離岸風電發展，政府早在二〇一二年就宣布「千架海陸風機」計畫，意圖帶動離岸風電開發，可惜後續成效不甚顯著。相較丹麥在一九九一年便開發出全球首座離岸風場，至今仍是掌握風力發電技術的核心國家，臺灣直到二〇一九年才完成首座離岸風場——位於苗栗竹南外海的 Formosa I 海洋風電。

離岸風電起步晚，不等於沒有發展潛力。國際工程顧問公司 4C Offshore 研究便指出，全世界風況最好的二十個離岸風場中，臺灣海峽就占了十六個。NASA（美國國家航空暨太空總署）也曾運用遙感資料，認定彰化外海是全球少見的優質風場。近年在政府大力推動下，臺灣西部沿海的風場正陸續興建中，包括台積電已經先簽約訂下大彰化離岸風力發電場。雖然少了鄰近居住區開發的爭議，不過離岸風電仍有著野鳥保育、漁業生態等環境議題需要長期監測，並仰賴法規政策的周全規劃和確切實踐。

臺灣能源轉型怎麼行？

除了再生能源開發面臨的挑戰，臺灣目前的能源轉型還面臨政策隨政黨立場而兩極化，尤其落於擁核、廢核兩端，公民也因此無所適從，甚至相互對立。臺灣能源是否能順利轉型，並不只仰賴太陽光電、風力發電的開發，更需要公民對於不同能源選項的深入思辨，而非隨著政黨或輿論起舞，方能夠持續前行。

思考題

回應能源轉型的三大背景（石油危機、核能事故、氣候變遷），你認為怎樣的能源選項或組合，會是臺灣當前較好、較永續的轉型方向？

第17課　公共住宅政策——新加坡如何落實「居者有其屋」？

新加坡的建屋發展局（HDB）

許多國家都有公共住宅政策，但在新加坡，超過80%的居民居住在政府建造的房屋，而且這些房屋大多數都是自住使用，這樣的國宅自住比例可謂世界第一。新加坡做為東南亞已開發國家，政治上偏向威權統治，然而它的穩定與經濟繁榮，深受國際社會肯定。新加坡城市發展的成功包含許多原因，由於土地有限、發展過程中人口不斷增加，因此以建屋發展局為代表的公共組屋系統，可說是該國經濟和社會政策的關鍵條件之一，也是執政黨人民行動黨重要的治理基石。

回顧歷史，早在英國殖民時期，英國政府就開始在新加坡這塊土地上進行國民住宅的興建工作。一九二七年由英國人設立的「新加坡改良信託局」（Singapore Improve Trust）專門負責城市規劃與公共住宅興建。當時的總理李光耀所領導的人民行動黨於一九五九年執政後，選擇繼續維持這項政策，並於一九六〇年成立建屋發展局來取代前殖民者的城市規劃機構，目標是為貧窮家庭建造可租房屋，但四年內轉為建造向公眾出售的公共組屋。一九六五年，新加坡正式獨立，公共住宅政策也由此開始加速，「居者有其屋」便是主要推動的政策項目之一，ＨＤＢ也漸漸成為新加坡公共住宅的代名詞。

前新加坡總理李光耀曾提出，由國家買斷土地、建造房屋，讓房屋所有權普及化，能讓國民與國家利害相連、促進國內馬來人和華人等各族群融合。在建屋發展局的領導下，新加坡的公共住宅規劃是由政府收購全國多數土地、建造住宅，保有土地權而賣出高達九十九年的房屋租賃權給公民。與臺灣「只租不賣」的社會住宅略有不同，新加坡的公共住宅是「政府出售九十九年的租賃權」，80％以上的土地屬於政府。意即在購買公共住宅（ＨＤＢ）時，政府不會把土地賣斷，而是讓購買者享有九十九年的租賃權。

新加坡公共住宅政策的實踐與爭議

在新加坡，每一年都會有新的公共住宅（ＨＤＢ）出售，這些房子通常是低於市場價格的預售屋，並以首次購屋者為主要銷售對象。成功申請者必須等待三到四年，房屋建造完成後才能領屋。在新加坡的系列公共住宅政策下，年輕人購屋相對沒有壓力。除了首次購屋可以獲得房價20～30％的金額補助，付完頭期款之後的房貸還可以由每個月固定繳交的中央公積金（ＣＰＦ）來給付。中央公積金是新加坡的強制存款機制，規定

新加坡的公共住宅（HDB）。

大多數正值勞動人口年齡的公民須將20%的月薪（雇主需額外提供17%）存入，公民有權取出部分儲蓄做為公共住宅（HDB）頭期款，並支付每月房貸。

上述制度所組成的穩定住宅供應是新加坡人民行動黨得以一黨獨大執政超過七十年的主因之一。然而，除了政治影響之外，政府為居住政策設下的各項嚴格規範也深深影響新加坡人的生活型態，例如：公共住宅（HDB）多設有「夫妻優先條款」。不僅夫妻可優先登記購買預售公宅，許多房子都限制「夫妻才可以買」，單身者要買公共住宅（HDB）需要等到三十五歲後才能自行登記。因此，新加坡人民的生活中，也出現訂婚情侶購屋後卻分手影響住房、結婚前的人多與父母同住、未婚或單親父母與同性伴侶（新加坡同性婚姻並不合法）難以自行購屋居住等景象。

事實上，新加坡的公共住宅政策對於購買者的相關規範十分嚴格，其中部分雖有助壓低成本，也帶有些安排人民生活型態的「家父長制」意味。除了上述夫妻優先條款，年輕人若願意在父母居住的地區購買房子，就能獲得額外的折扣。政府希望藉此鼓勵人民協助照顧年長者、減輕政府的負擔。甚至，自一九八九年二月起，新加坡政府便開始實施強制性的種族比例政策，規定每個種族在每個公共住宅社區，都有族群比例的上限。此舉使得新加坡的各個種族需要共同生活在同一個社區，也避免某個特定社區由某一特定種族所獨占。

另外，由於新加坡公共住宅（HDB）所出售的是「九十九年的租賃權」，如果政府決定拆房子重蓋、徵收房子移作他用請人搬走，都是可能發生也相對容易執行的。新加坡的公共住宅政策也曾被批評會影響選民投票行為，使選民趨向支持單一政黨，因為投票給其他政黨的區域可能會因其投票偏好，面臨房屋補助被延遲、較晚才能獲得人民行動黨政府資助的情況。與公共住宅政策相輔相成的中央公積金政策，其穩定且能夠被提撥支援購屋基金的特性，也讓新加坡的年輕人專心存款購屋，可能影響創業意願和其他資金流動與運用。而新加坡社會最貧窮的階層，則因以購屋為主的單一化居住政策，難以獲得足夠資金，住在適合自身家庭的房屋中。公共住宅政策可說深深影響著新加坡的產業發展、經濟、家庭生活和政治民主等各層面。

臺灣的社會住宅政策

社會住宅，在歐洲又稱「社會出租住宅」（Social Rented Housing），強調的是「只租不賣」的精神。通常指政府直接興建、補助或民間私有合於居住標準的房屋，以「只租不賣」的模式，搭配低於市場的租金（或免費）來出租給中低收入戶、弱勢對象與其他特殊對象的住宅。臺灣於二〇一七年一月公布施行《住宅法》之後，社會住宅政策的推動已有法制基礎。配合《住宅法》的修正，同年三月行政院核定「社會住宅興辦計畫」，結合了政府興建與包租代管的供給方案，在增加政府建造的公共住宅供給同時，透過與租屋服務業者合作的「包租代管」民間住宅的方式，希望能穩定臺灣房屋市場，並協助中低收入戶、社會弱勢及年輕受薪階級居住安穩。

然而，在實際推動社會住宅上，除了興建數量不足，臺灣目前的社會住宅在租金價格上往往強調比市價低，這些以折減方式訂定的租金價格常常引發周邊居民疑慮，擔心社會住宅進駐後會造成房價下跌，社會住宅因而成為另類的鄰避設施[8]。另外，前述「包租代管」方案做為社會住宅政策的一環，由於包租或代管的民間住宅並非由政府直接興建來大規模招租，除了有租金過高的問題之外，在引導空屋釋出租賃、穩定臺灣房屋市場的效果上也尚待討論。

思考題

新加坡公宅政策下的「夫妻優先條款」，你覺得是否合理？為什麼呢？

8. 鄰避設施（NIMBY facilities）：或稱「不要在我家後院」（Not in My Backyard，縮寫NIMBY），指社會公共福利所不可或缺、卻在地方遭受居民個人或是社區整體的強烈反對、甚至抗爭的設施建設。舉例而言，污水處理廠、垃圾掩埋場或中途之家等即為常見的鄰避設施。

第18課 稅賦制度背後的貧富差距掀起革命？——法國黃背心運動啟示錄

二〇一八年十一月，許多法國人民走上了巴黎街頭，他們穿著汽車後車廂常備的反光螢光黃背心，抗議政府在油價飆升時仍決議調高燃油稅，史稱「黃背心運動」（mouvement des gilets jaunes）。有別於傳統示威有著明確的領導組織，黃背心運動沒有特定的政黨或人民團體領導，主要透過網路動員民眾上街示威。隨著示威者的憤怒日益高漲，這場運動從巴黎擴散至其他城市，焦點也從燃油稅本身轉變為對於政府偏袒富人階級的憤怒。

法國社會中的貧富差距不只存在於收入分布，更體現於不同階級的稅賦負擔。二〇一九年，巴黎聖母院（Notre-Dame de Paris）發生大火，許多建築結構遭到焚毀，法國富人總計捐出約四億歐元（約合新臺幣一百四十億元），希望能修復屬於巴黎及法國的象徵建築。然而這看似「慷慨解囊」的舉動卻讓普通市民不是滋味，畢竟這代表著富人階級的財富自由程度遠超一般百姓，但平時卻不願意促進社會平等。此外如同許多國家的稅賦規定，捐款也等同於富人減免稅賦的途徑之一。

憤怒的法國民眾對政府改革無感

隨著民怨高漲，法國總統馬克宏也不斷嘗試與民眾溝通。從二〇一八年底至二〇一九年四月，馬克宏政府宣布調漲每月基本薪資一百歐元（約合新臺幣三千五百元），並且在社交平臺上不斷與民眾溝通，甚至發表《告法國國民書》（Lettre aux Français），宣示政府有心改革，並將進行「全國大辯論」（grand débat national），觸及「稅制與公共支出」、「國家組織與公共服務」、「生態轉型」、「民主與公民權」等範疇之議題。此外，二〇一九年四月，為了化解民眾憤怒，馬克宏政府甚至宣布降低中低收入人民的稅率、調高低收入人士的退休金等措施。這看似政府非常大的讓步，然而許多法國民眾並不買帳，甚至揚言要罷免總統。

在十八世紀的法國大革命前，法國各階級間的矛盾非常嚴重。當時法國國庫因為戰事而空虛，普通民眾負擔了大部分的總稅賦，靠著平民階級積攢而來的稅收甚至還被用做貴族享受奢華生活的金源。二十一世紀的黃背心運動雖然沒有造成政權更迭，但兩者的起因都是貧富階級之間造成的矛盾。

這其實也說明了法國民眾不買帳的原因：政府的決策思維不夠親近平民，而且對富人階級寬容。儘管馬克宏政府提出各項減稅方案，但其實社會中下階層中累積已久的怨氣仍舊需要找到出口宣洩，畢竟民眾心中的相對剝奪感並不是一兩天的事情。

臺灣的稅制改革與貧富差距

在臺灣，稅制改革同樣也是難解的習題。每年五月是全國民眾申報所得稅的期間，在此之前，政府往往會強調許多「便民」或「惠民」措施，例如更便利的報稅方式及操作介面、更多的扣除額度及減稅機會等，這些好處儘管降低了民眾對於繳稅的怨念，然而臺灣長期累積的稅制問題仍舊存在，甚至成為了國內貧富差距擴大的幫兇。

我們通常以「吉尼係數」（Gini coefficient，或譯作「基尼係數」）衡量社會中的貧富差距。吉尼係數介於0和100之間（部分統計採用0和1之間），數值愈高代表社會中的貧富差距愈嚴重。根據瑞士信貸（Credit Suisse）二〇二一年發布的全球財富報告，臺灣二〇二〇年的吉尼係數高達70.8，數值與中國（70.4）相若。這數值雖比起新加坡（78.3）、美國（85）來得低，但遠超韓國（67.6）及日本（64.4）。此外，臺灣二〇二〇年的百萬美元富豪占總人口的比重為3.1％，比起二〇一五年的2.2％多出0.9個百分點。此外，在二〇二〇年，臺灣前1％富豪所擁有的財富占全國人口的28％，比起東亞的韓國（24％）、日本（18％）來得高。從以上資料可見，臺灣的貧富差距逐漸擴大，而假設政府持續忽視稅制上的不公，臺灣社會中的壓力也可能愈來愈大。

目前在臺灣，不動產交易、資本利得及遺產稅隱含著許多不公平。以不動產交易為例，二〇二一年七月一日上路的「房地合一稅2.0」儘管增加了不動產交易的交易成本，但

二〇一八年法國黃背心運動。

仍然難以改變房地產交易的「暴利」本質，因為政府所採用的稅賦計算基礎是稽徵機關為房地產計算出的「評定現值」，而非交易中的「市價」。資本利得稅[9]方面，臺灣的證券交易不徵收資本利得稅，亦即人們在股票市場中獲利再多也無須繳稅。遺產稅方面，馬英九擔任總統期間，基於二〇〇八年金融海嘯等理由進行修法，讓稅率從50％降至10％，這使得市場資金大幅增加，甚至有部分富人將財產轉移回國內。當市場上無適合投資標的時，資金就會流向房地產，這也是二〇〇八年之後國內房地產價格飆升的原因之一。

當前臺灣政府強調各種社會政策，民眾也大多認為政府有義務提供福利與服務。然而，假設臺灣缺乏公平、永續的稅制，政府的資金是否能支持社會福利及公共服務的長遠發展，這是從政府決策圈到一般民眾都需要審慎思考的議題。

思考題

稅賦制度很難讓所有人滿意，畢竟每個人對於自身及政府應負擔的「責任」存在著認知差異。你心目中理想的公平稅賦有著什麼樣的特色？

9. 資本利得稅：指針對股票、債券、房地產、貴重品等買賣行為產生的利潤所課徵的稅。

第19課 民主轉型大卡關——當「發大財」，遇上「不公平」

壓垮駱駝的最後一根稻草：智利捷運車票漲一元，引爆大規模示威

二〇一九年十月，當臺灣多數媒體主要聚焦在香港抗爭的同時，遠在地球另一端的南美洲國家智利也出現了以年輕人為首的大規模群眾抗議行動。智利因為首都捷運再一次漲價，引爆全國性大規模示威活動。這群年輕人走上街頭，針對智利民主體制下看似自由、實則流動停滯、極度不公平的資本主義結構發出了怒吼。

事件的起因是二〇一九年十月時，智利首都聖地牙哥的捷運票價尖峰費用調漲了三十披索（約新臺幣1.28元）。幅度乍看之下並不大，學生票與優惠票也都不在漲價範圍內，然而若將時間的緯度拉長來看，聖地牙哥捷運在二〇一九年一月時就已經將基礎票價費率調漲了二十披索，在國際油價低迷的狀況下，數個月內又追加費用，換算下來單年度的調漲額度高達6％。若考慮國民收入占比，聖地牙哥捷運的票價費率不但是南美最貴，費用更是比紐約地鐵（單程2.75美元）還要昂貴。以此為由，大量年輕人發起抗爭，走上街頭，訴求更從捷運票價擴大到當地的電氣費、醫療、教育和養老金，參與

抗議的群眾一天比一天增加。

面對抗議群眾，智利首都先是在十月十八日起宣布進入「緊急狀態」，總統皮涅拉（Sebastián Piñera）下令由實彈武裝的軍隊進駐首都「軍事接管」，更祭出了「宵禁令」，使首都圈進入實質的戒嚴狀態。事實上，這是智利前獨裁者皮諾契特（Augusto Pinochet）的軍事獨裁政府下臺以來，睽違三十二年，首次頒布的「宵禁令」。然而，在政府強硬鎮壓下，抗議和暴力活動不但未見減緩，奉命抗暴的軍警和民眾衝突，反而日益擴大。對此，皮涅拉政府表示，捷運漲價相關政策緊急取消後，首都圈的街上仍有大批「暴民」持續縱火、破壞公物和劫掠，波及了許多無辜的市民。而智利政府同時也承認，軍隊已在街上實彈開火，網路上更流傳著疑似軍警暴力、打死示威者的相關影片。二〇一九年的這場抗議活動造成了至少約三十一人死亡、數千人受傷，在這其中，至少有一百多人遭受性暴力，三百多人遭到軍警霰彈槍擊中眼部，上千人在過程中遭受酷刑。

南美民主模範國轉型困難：智利「經濟奇蹟」下的結構性不義

在獨裁者皮諾契特將軍的威權政府於一九九〇年下臺、智利展開民主化進程後的三十年期間，智利的人均GDP從約兩千五百美元，上漲到二〇一九年的約一萬五千美元。生活條件相對改善之餘，智利也藉由數次成功的政黨輪替、左翼和右翼政黨輪流組成政府，逐步確立了民主轉型，在南美洲可謂民主與經濟發展皆成功的模範生。然而，即使國家財富增長，貧窮的狀況已有所改善，智利的經濟發展成果卻因為財富極度分配不均，面臨貧富差距越來越大的問題。根據「經濟合作與發展組織」（OECD）的資料顯示，智利是全世界財富分配最不平等的國家之一，收入最高的前10%所得高達全國平均收入的26.5倍。

在經濟層面之外，智利也面臨消費者權益薄弱、醫療取得困難、教育資源不均、許多產業遭有裙帶關係的寡頭企業壟斷等問題，因此街頭抗議事件頻傳。這樣的情況可以追溯至智利前總統皮諾契特的威權統治時期。一九七三年，在美國中情局的支持下，皮諾契特將軍發動軍事政變，推翻了民選總統阿葉德（Salvador Allende），並為了打擊社會主義政府，以軍事獨裁的力量，推動一系列的「自由化經濟實驗」來推行新自由主義改革。這一系列改革由當時從美國留學歸國的芝加哥經濟學派學者所主導，主要透過國營企業民營化、金融自由化與貿易自由化，強調以政府不干預為原則，促成了智利GDP逐年成長的「經濟奇蹟」。然而，光鮮亮麗的數據背後，智利的公共服務事業，包含教育、醫療保健、交通運輸等，卻全面被裙帶財團掌控，社會的貧富差距與階級問題也日益擴大。當所有資源被菁英權貴壟斷之下，一般民眾根本難以在這「看似自由」的社會結構中得到良好的教育與機會，遑論成功進行階級翻轉。

事實上，智利的現行《憲法》便是皮諾契特在一九八〇年強行通過的「威權舊憲」。即使民主轉型三十年以來，政黨輪替，歷代政府總共推動了三十幾次修憲，關於威權統治時期的歷史不義等相關條文，也已大多進行刪除或修正。但《憲法》中有關經濟、國營企業與社會保險私有化等具有「新自由主義經濟」色彩的原則，卻始終沒有得到討論與改變。經年累月下來，智利在整體經濟數據的表現上雖然稱冠南美洲，但財富過度集中與社會階級流動停滯卻始終難以破解。

面對這樣富者恆富、窮人難以翻身的局面，這次的捷運票價爭議只是壓倒駱駝的最後一根稻草。抗爭民眾並不是對資本主義體制不滿，而是期望能修改過於傾向財團、有利於既得利益者的制度，從根本上來改善問題。而皮涅拉政府為了緩和二〇一九年十月全國示威大抗爭的事態，也與抗議民眾達成共識，同意示威者所訴求的「重新制憲」，承諾於二〇二〇年四月舉行制訂新憲法的公投。然而，因為新冠肺炎疫情，原訂於二〇二〇年四月舉行的公投一路延期至十月，最終以過半投票率、總投票人數高達七百五十五萬八千人完成，創下了智利民主化以來最多投票人數的紀錄。而根據智利中選會所公布的結果，有78.3%的智利選民支持「重新制憲」，並且比起「混合式制憲委員會」的選項，有高達79%的選民支持「全民直選制憲委員會」。根據此次的公投結果，智利於二〇二一年五月舉行了特殊選舉，由全民直選出一百五十五名制憲委員。之後，制憲委員會將在一年內提出「新憲草案」交由全民公投決定。新憲法是否能解決長期的不公平？值得持續關注。

二〇一九年十月智利的抗議行動中，對抗議民眾施放催淚彈的警察。

反思臺灣現況

做為南美模範生，智利在獨裁者下臺、成功民主轉型之後，經濟蓬勃發展，貧困狀況普遍改善。然而，看似自由開放的體制卻因為不公平分配、制度缺陷等結構性因素陷入發展的死角。分配不均、貧富差距擴大的情況，嚴重影響青壯年收入、青年發展與老人養老困難等議題。二〇一九年的全國示威大抗爭，便是智利年輕人對於看似階級流動自由，卻極為不公的資本主義社會結構的反撲。

在太平洋的另一端，臺灣有著和智利極為相似的發展脈絡，經歷了威權體制的瓦解、成功的民主轉型與經濟蓬勃發展的「經濟奇蹟」，同時卻常在《經濟學人》（The Economist）所評比的全球裙帶資本主義指數（Crony Capitalism Index）榜上有名。裙帶資本主義也被翻譯成「權貴資本主義」，指的是商業上的成功與企業界和政府之間的關係密切程度有所關聯。意即認識誰、和誰有特別關係，是特定人士能在商場上獲利的關鍵，讓特權利益集中在特定統治菁英圈之中。而裙帶資本主義的盛行，往往會導致財富越來越集中，社會階級難以流動。裙帶資本主義相關的議題牽涉面廣且相當複雜，有興趣的讀者或許可以嘗試去閱讀、蒐集更多資料。

思考題

智利因為經濟發展成果分配不均，而衍生出社會長期不公平的現象。經濟發展和經濟分配的「公平性」，你認為民主國家在發展過程中應該優先考慮哪一個？此外，你認為臺灣的裙帶資本主義盛行嗎？而民主制度或資訊透明相關體制能不能有效幫助減少裙帶資本主義？

第20課　資訊是一種武器？——從假新聞到認知作戰

當代社會中的假新聞

近年來，「假新聞」一詞在世界各地的政壇都掀起不少漣漪，有些政治人物堂而皇之地指責部分媒體製造假新聞企圖影響選舉，「假新聞」一詞突然成為政治攻防的核心。那麼，假新聞究竟是什麼？為何會有假新聞的出現？大致來說，假新聞泛指利用錯誤的假消息，包裝成新聞資訊，企圖混淆民眾認知，造成社會不安或是輿論攻擊等。然而，假新聞也絕非全新的現象。歷史上，早有多次的政治事件是起因於謠言、輿論等，幾乎可說是假新聞的前身。假新聞之所以在當代社會成為主要問題，在於傳播媒介的改變。透過網路、社群媒體，假資訊得以用更分眾、更私人、更迅速的方式進行傳布，讓極端思想在極少數人中流傳、蔓延，而不為外界所知。

假新聞常會將錯誤的假消息包裝為新聞訊息，藉以混淆認知、操縱輿論。

認知作戰？

在各種假新聞的指控中，以指控假新聞來源為外國介入手段最受爭議，因其挑動了本就敏感的國際政治，更是直接涉及了當代戰爭形態的轉變。而該詞在近年來兩岸關係日趨緊張的氛圍中，也逐漸成為攻防焦點，不少談論者擔心「認知作戰」的指控將限縮臺灣的言論自由。在此我們先來釐清，什麼是認知戰？資訊也是武器嗎？

在二十一世紀初，隨著科技蓬勃發展，戰爭型態早已不只是過去軍隊彼此征戰的想像，而是往界線更模糊、手段更加混合的型態發展。類似發展最早由美國與俄羅斯的軍事戰略家所指出，他們由當時恐怖主義盛行的模式發現，針對民主國家進行政治、經濟與公民運動的干擾，以混淆戰爭與和平的界線是當時最新的發展。這種「混合作戰」的架構，也成為日後提出資訊作戰、金融作戰、認知作戰的理論基礎。

在這種新型態戰爭中，資訊做為武器的作用何在？傳統定義大概是認為利用網路資訊，來影響民眾的意識、認知與決策，甚至動搖民眾對政府決策、體制的認知與信念，來造成社會的混亂與攻訐。不管是哪個層面，資訊戰爭就是要影響民眾的認知，造成社會彼此的對立，並影響對自身體制的信心與認同。美國二〇一六年總統選舉期間的「通俄門」就是引爆這一系列爭議的主因之一。俄羅斯的布局不只是從二〇一六年開始，其早就透過固定經營社群媒體，來維持一定的社群黏著性，等到選舉年時再一併操作爭議訊息，最終導致非裔美國人投票率的下滑。認知作戰的發起方，並不一定特別支持哪個陣營，只要達成社會訊息的混亂，讓爭議與選舉產生關聯，進而讓民眾對體制信心下滑便達到目的。

從上述說明，可以得知當我們說某些資訊傳播是「認知作戰」的時候，與假新聞的首要區別就是「來自境外」，且這些訊息傳播有「特定動機」（也就是攻擊民眾的意識與認知），但最大的問題就在於如何認定？

認知戰的雙面刃：共同對抗外敵，還是傷害言論自由？

如果臺灣國內單純的謠言、假訊息的傳播，早已經有成熟的法院與判例能夠處理，我們將其交給法官認定便足矣。但如何認定一個錯假訊息是來自境外且有特定動機呢？答案是幾乎難以認定。就算認定了，執法單位幾乎無法抓到在境外進行攻擊的人或組織，更何況他們完全可以再換一個帳號位置來攻擊。網路世界的特徵，使得執法單位難以追緝，連帶地立法單位也難以立法處理。這使得在認知作戰中，戰爭不再像過往一樣，會有「宣戰」的時刻，而是日常即戰場。因此，政府能做的事情其實相當消極，不是推廣媒體識讀教育，就是要求媒體揭露資金來源，讓閱聽大眾自己辨別資訊背後可能隱含的立場。

由於認知作戰混淆了戰爭與和平的界線，也使得戰爭時期限縮人民自由的舉動難以落實。當政府參與到認定認知作戰與否時，難保戕害了人民的言論自由；但若直接放任社會各方因著片面事實而彼此攻訐，卻也正中了認知戰發動方的下懷。然而，由於國內陣營對國際關係可能有不同的判斷，使得認知戰更成為高度政治爭議的語彙。以臺灣來說，對於認為應該要強化與中國往來的人來說，認知戰可能就只是對方陣營杜撰的策略，從根本性否定這個議題的正當性。又如同，在歐洲政界中，俄羅斯的巨大身影與歷史問題，是歐洲政治陣營的主要分野之一，俄羅斯是否正在威脅歐洲共同體，也是一個難以客觀討論的問題。二〇一七年法國總統選舉期間，法國極右派總統候選人勒龐（Marine Le Pen）和俄羅斯總統普丁（Poutine）握手，旋即在西歐政界引起軒然大波，也激起法國社會對俄羅斯介入法國選舉的疑慮。但這些在法國極右派的支持者眼中，可能都只是再次表現了歐洲價值對他們的欺凌罷了！

可見，認知戰這個詞彙的高度爭議性。首先，它牽動了國際地緣政治與國內政壇分野的敏感神經；其次，認定認知作戰的方式，又與單純假新聞不一樣，使得處理方式更加棘手。最後，則是如何不傷及言論自由，又能保障社會團結？這是一個現在進行式的問題，也或許是生長在資訊時代的這代人該負起責任去探索答案的問題！

思考題

你覺得臺灣存在認知作戰嗎？答案若是否的話，為什麼？是的話，又該如何因應呢？

地球村的挑戰

——全球化與自由不平等——

第21課 網路學習時代的城鄉差異——臺灣數位落差情況

在人手一機的二十一世紀，擁有資訊設備及使用設備的能力，會造成個人資源近用的差異。試著想像，可以使用電腦登入人力銀行網站查看工作機會的人，及一個手邊沒有智慧型手機、電腦或是網際網路的人，哪一位有更多的機會能找到工作？

各國政府逐漸意識到資訊工具對於個人學習及發展的重要性，開始將資訊設備送入偏鄉，並希望為地方引進更多教師，教導居民使用設備。國際組織也開始關注相應的議題，進行相關調查，並釋出研究成果供各界參考、分析。

什麼是數位落差？

數位落差（digital divide）是美國商務部於一九九九年提出的概念，其報告指出：「在資訊社會中，個人電腦以及網際網路等資訊工具對於個人的經濟成就以及生涯發展具有關鍵性的影響力，是否擁有電腦以及運動電腦能力的高低，將成為主宰貧富差距的力量。」也就是說在當代，電子設備及設備使用能力成為新的技能。哪些人能擁有這些能力？這是否會造成新型態的社會不平等？

社會學家主要將數位落差的類型分成「量」與「質」兩類。量的差異如：個人在家是否擁有電腦？有沒有網路？網路來源為何？平均每週使用網路的頻率有多高？是否有新穎的設備？根據學者研究，在現今電子設備普及的社會，大部分人都能夠擁有電子設備，因此差異主要出現在「是否能擁有堪用的、新穎的機型」。或許會有人質疑，為什麼需要使用新穎的設備？在當代生活經驗中，若無法使用智慧型手機，或者只能連上3G的網路訊號，這樣的人能享有的資訊資源必然會比較少。

質的差異則有：使用電腦的用途？尋找特定資訊要花費的時間？有沒有上網習慣？是否培養足夠的數位素養？質的差異為多數學者重視的指標，因為資訊設備是一種媒介，藉由這些媒介所獲得的資源才是學者關心所在。根據臺灣網路報告，非偏鄉和偏鄉的人使用網路的目的有所差異，非偏鄉的民眾多為了「工作」或是「生活便利性（收發電子郵件、繳費、新聞查詢等）」使用網路，比例高於偏鄉。但是非偏鄉與偏鄉民眾在休閒娛樂的目的比例，並沒有顯著差異。

造成數位落差的因素

或許大家最關心的話題是：究竟是什麼造成數位落差？我們該如何解決數位落差問題？不同身分背景，例如性別、家庭社經條件、年齡、居住地等，都有可能造成數位

是否擁有資訊設備，以及使用設備的能力，將會造成個人「資源近用」的差異。

落差。駐舊金山辦事處教育組在二〇一九年的報告中指出，家庭條件、偏遠地區及區域的數位課程設計差異，是造成數位落差的重要因素。大部分人可能認為數位化造成的教育不平等，源於學校是否能提供電子設備以及數位課程設計，但研究者指出，其實不同社經地位背景的學生，在校內使用電子設備的機會差異並不大，在校外（及家庭內）使用電子設備資源，以及家庭是否能夠培養孩童足夠的資訊素養，才是差異關鍵。

面對數位落差的情況，雖然研究讓我們了解差異來源可能在於「家庭內部」能夠給予的資源，但各國多期許「政府」做為資源分配者，可以改善不平等。國家能夠提供設備及教學課程至偏鄉學校，或是至偏鄉架設基礎設備、提供資訊服務，例如提供偏鄉學校資訊化課程、普及區域公共無線網路、提供必要的資訊設備服務等等。

數位落差的新型態？

二十年來，數位落差的現象已經被提出來，人們的生活型態也有了改變。學者們發現這個現象，便認為新型態的「數位不平等」可能出現在「誰能夠控管孩子使用數位資源」。對部分貧困家庭而言，3C產品宛如虛擬保母，當父母忙於工作時，丟給孩子一支手機、一個平板電腦，就能讓孩子短暫停止哭鬧。而高社經背景的家庭，因為有更多的照顧資源，反而能「控管」孩童不過度使用電子設備，並且將使用電子設備的目的限於知識學習。他們的孩子也因此較能學習到如何與真人進行社交，這些能力皆會影響到日後的求學與工作。隨著社會及科技進步，反倒出現了二十年前始料未及的情況。

不過在二〇二〇年，新冠肺炎疫情帶來巨變，全球民眾的生活大量仰賴電子設備，卻也強化了部分地區的數位不平等。相信未來數位落差的情況會出現更多變化，及需要更多人關心、著力之處。

思考題

新冠肺炎疫情與防疫政策，造成人們生活重大改變，也為數位生活增添了更多可能性。你認為歷經大規模疫情影響後，家庭生活、工作與學習方面，可能產生什麼新的數位落差？

第22課 世紀大缺水——水資源去哪了？

二〇二一年，臺灣面臨半世紀以來最嚴重的缺水，多處水庫的水位一降再降。西半部縣市水情燈號一片黃橙紅，苗栗、臺中、北彰化等中部地區還因此實施近二十年來少見的大規模分區停水。做為全球半導體晶片供應重鎮，臺灣這次缺水甚至引起英國廣播電臺（ＢＢＣ）、《紐約時報》等國際媒體關注，ＢＢＣ更以「為什麼全世界都該關注臺灣的缺水？」做為新聞標題。

不只平常多雨的臺灣鬧缺水，據世界資源研究所（World Resources Institute）及聯合國統計，全世界目前超過四分之一的人口生活在極度缺水的國家，二〇二〇年有高達二十二億人無法取得安全衛生的飲用水。「乾淨飲用水」也因此被納入聯合國ＳＤＧｓ永續發展目標，成為核心目標之一。

為什麼臺灣會缺水？

乍看之下，臺灣雖然有颱風和梅雨帶來豐沛雨量，但每年有近六成水資源直接奔流入海，加上兩成的水量蒸發，將近有八成的水資源難以運用。為何有這麼多的水資源卻留不住？可分為地形、時間分布、空間分布等三個先天面向談起。

就地形而言，臺灣本島山陡流急、離島則多半低平，兩者都不利於截留降水。以時間分布來說，臺灣主要降水由颱風、梅雨供應，颱風季更帶來每年將近一半的雨量，可以說臺灣降水高度集中夏季，因此春季相對容易缺水。至於空間分布，北部的豐枯比[10]為較均勻的六比四，中部則為懸殊的八比二，南部更高達九比一，代表中南部在不同季節的水資源分布極為不均，相對地，中南部更有可能發生水資源短缺的現象。

然而，近年臺灣水資源越發緊繃，背後有著諸多盤根錯節的後天因素。一來，無論都市或山區皆開發不止，加上監管未完全落實，水土保持急遽惡化。二來，水利設施難以維護更新，例如水庫淤積率居高不下，全臺水庫平均淤積率高達三成；又有著自來水管線漏水嚴重的問題，一年漏掉四億多噸的水，相當於兩座石門水庫的有效容量。

再來更有著用水結構及產業問題，包括：

1. 民生用水量過高：二〇二〇年每人每日平均生活用水量高達兩百八十九公升，在各縣市之中更以臺北市的三百三十八公升最高。
2. 產業污染致水質惡化、可用水減少。
3. 臺灣工業用水快速成長，進而產生「工農搶水」的爭議。
4. 石化業等耗水高、產值較低的高耗水產業仍待轉型。

水土保持惡化、水利設施難以維護，是臺灣缺水的兩大主因。

5.臺灣水費低廉，為全球倒數，且截至二〇二一年都尚未對工業大戶開徵耗水費，使得回收用水的成本比直接買水高昂，更成為廠商沒有採用再生水的原因。

「氣候變遷」是壓倒駱駝的最後一根稻草。根據水利署觀測，平日難以察覺的氣候變遷，正真真切切影響區域降水，以致臺灣的旱澇交替週期縮短，變化過於快速而易生災害。先天不良又後天失調，造成臺灣水資源的困乏不均加劇，但全世界並非只有臺灣陷入缺水窘境。

水都去哪了？

雖然近年臺灣供水壓力越發緊繃，但在全球還是相對緩和的國家。據美國知名智庫「外交關係協會」（Council on Foreign Relations）專題報導，南亞、西亞、非洲、南歐及北美洲南部等地，目前都處於極度缺水的狀態。

舉葉門、義大利、印度三個國家為例，位處西亞的葉門氣候乾燥、降雨稀少，連年戰亂更破壞了絕大多數的基礎建設，數以千萬的民眾連最基本的用水都難以取得，在新冠肺炎肆虐下，甚至連洗手都是一件奢侈的事。

如果問大家世界上有哪些缺水國家，恐怕多數人都難以想像義大利竟然名列其中。長久以來，義大利的水資源確實相對易得，但近年義大利卻被稱為「漏水的靴子」。義大利水資源急遽減少的原因和臺灣極為類似：

1.氣候變遷，導致遭受熱浪、乾旱侵襲等極端事件頻繁且嚴重。

2.水利基礎設施老化過時，過去兩年，首都羅馬的管道漏水率超過四成。

3.產業大量耗水及嚴重污染，義大利政府更因此被告上歐洲法院，而臺灣也曾發生過科技大廠日月光廢水污染等事件[11]。

4.民生用水的鋪張浪費，相對發展中國家每人每日僅靠約二十至三十公升的水度日，義大利的人均日用水量多達兩百二十公升（仍比臺灣低）。

印度水資源的極度窘迫，既來自於沉重的人口壓力，更肇因於龐大的產業用水及污染。若深入剖析印度水資源的困乏，實際上源自全球化之下水資源的不平等。諸如可口可樂、百事可樂等世界知名的碳酸飲料商，長久以來正逐漸榨乾印度的水資源。根據當地ＮＧＯ印度資源中心（India Resource Centre）研究，製造一小罐可口可樂得花上1.9公升的水，汽水中還運用了大量蔗糖，而製造蔗糖的甘蔗即是大量耗水的農作物。若加

10. 豐枯比：即豐水期與枯水期的降雨量比率。

11. 半導體封測龍頭日月光Ｋ７廠，在二〇一一至二〇一二年間就有六次廢水裁罰紀錄。二〇一三年十月一日日月光Ｋ７廠再次被查獲偷排未經處理的廢水，導致溪水的鎳含量超過管制標準四倍，嚴重汙染高雄後勁溪流域，後更因環保法規的落後而難以裁罰，為臺灣近年引起廣大注目的廢水污染事件。

上栽種甘蔗所需的水資源，則每生產一瓶可樂，就得花上將近四百公升的水資源。

不只如此，人們每天的日常穿搭也是污染河川的來源之一。如英國紀錄片《時尚代價》（The True Cost）所揭示，一件件堆疊的成衣皮革，讓原本清澈透明的河水染成可怖的鮮豔亮麗。呼應英國樸茨茅斯大學（University of Portsmouth）博士茱莉亞・布朗（Julia Brown）所說的：「人們不知道生產我們所吃的食物、所穿的衣服會耗用掉多少的水。在我們買食物、衣服和日常用品的當下，很難意識到，我們是在進口別的國家的水。這些國家的水資源其實相當匱乏，卻得出口好讓人們得以買東買西。但生活在那片土地的居民，卻常常沒有足夠的安全用水。」

下雨了，然後呢？

二〇二一年臺灣缺水的窘況，順利在梅雨季報到後解除。然而多位學者提醒，在氣候變遷之下，缺水很可能會更頻繁、更嚴重。水資源的稀缺，甚至加劇地緣政治的緊張，好比中國與印度、中國與中南半島、埃及與衣索比亞等國家之間的衝突。身為全球公民的一分子，我們能做的不只是看看國際新聞而已，平時多採取節水措施，或進一步投入產業及制度的改革，乃至於買東西前多方查詢，運用「透明足跡」等平臺資訊做出有利地球永續發展的消費，都是不讓水乾涸的「源」動力。

思考題

「缺水」問題乍看簡單，背後卻潛藏諸多複雜的原因，有些甚至是境外因素與全球不平等所致，造成臺灣及多國的水資源緊繃。做為臺灣與全球公民的一分子，針對水資源的困乏不均，有哪些行動是我們在日常生活中可以做到的？

第23課 野火燒不盡——全球森林大火的威脅

近年來，森林大火（也稱為野火，英語中稱作bushfire或wildfire）經常占據全球新聞版面。雖然臺灣少見嚴重衝擊民眾生活的野火事件，做為地球村的成員，我們仍然很難置身事外。畢竟人類為應變災害而付出數年努力，一時難以化解頻繁且大規模的野火對全球性範圍造成的環境衝擊。

僅僅二〇一九年至二〇二〇年間，全球就出現多起大規模森林大火，例如美國於二〇一九年就發生超過五萬起大小野火；二〇二〇年全年更累積達到五萬七千多起，燃燒面積超過四百一十六萬公頃，相當於1.15個臺灣的大小。登上新聞版面多時的澳洲森林大火橫跨二〇一九年與二〇二〇年，大量無尾熊被活活燒死的慘況在媒體上喚起大家的注意，在網路上引發熱烈討論的還包含當時一隻無尾熊「向人類討水喝」的照片。

當時正處於澳洲夏季，儘管東南信風及暖流能帶來降水，但因為大分水嶺（Great Dividing Range）的地形阻隔，以及副熱帶高壓籠罩，使得澳洲諸多內陸地區非常炎熱、乾燥，更進一步提升了野火發生的機率。大規模野火發生後，澳洲氣象單位記錄到破歷史紀錄的高溫，二〇二〇年澳洲的單日最高氣溫更達到攝氏48.9度。

為什麼會有森林大火？

森林大火對於人類文明並不陌生，大家或許聽說過人類在森林大火後發現食物加熱煮熟後相當美味的傳說。這些故事也明示了森林大火是一種自然（燃）現象，而自然中有許多因素可使樹林自燃，包含我們耳熟能詳的閃電，甚至太陽照射植物莖幹分泌出的油脂，都可能是森林大火的起因。

當然，長期破壞環境的人類也是當代森林大火的原因之一。近年令人瞠目結舌的案例是美國奧勒岡州二〇一七年的森林大火。根據調查，這起野火事件是一位十五歲少年點燃煙火後丟進附近峽谷中所致。當局甚至花了兩個月才撲滅野火，法院判處該少年五年緩刑、賠款三千六百萬美元，以及從事一千九百二十小時社區服務，並需寄信向一百五十二名當時因野火受困的民眾道歉。

森林大火可能造成什麼影響？

野火除了導致森林生態浩劫，造成的劇烈影響也可能蔓延到燃燒範圍之外。二〇一九年至二〇二〇年的澳洲森林大火造成嚴重空氣污染，使得遠在兩千公里外的紐西蘭奧克蘭（Auckland）也籠罩在澳洲野火造成的霾害中。

霾害或其他空氣污染在地球上受到行星風系及地方風系牽引，經常能長距離移動。在臺灣，我們常聽到來自中國的沙塵暴或工業污染隨著東北季風南下，正是氣象報導常提到的一項臺灣空氣境外污染源頭。但在紐西蘭呢？遠在幾千公里外的澳洲野火仍將奧克蘭的天空染成橘色，這樣的現象則與中緯度西風帶有關。伴隨澳洲野火的濃煙上升到一定高度後，西風便會將污染物質帶到遙遠的一方。類似情況也會發生在火山爆發時，如果火山灰受到盛行風吹拂，這些懸浮顆粒便會在地球的大氣中持續擴散。

另外，自然災害很可能也與人為因素交織，或因為自然現象影響人類活動而被劃定為程度不一的災難。美國加州部分地區為乾燥的沙漠地帶，由於都市擴張、高房價與其他社會問題，原本居住條件較嚴苛的廣大乾燥地區也被開發建造郊區住宅。距離年年森林大火的防火線越來越近，隨著火勢規模逐年擴張，不僅發生災害損失的機率大增，也讓許多保險公司、原本社經條件較不佳的受災民眾面臨財務、安全等方面的高度風險。

森林大火也可以很政治？

森林大火造成的生態浩劫固然嚇人，但更引人深思的可能是人類社會對這類事件的反應。二〇一九年，巴西的亞馬遜雨林也曾發生大規模野火，規模為歷史上第三大，燃燒面積相當於十七萬兩千個足球場。當時的新聞多以「地球的肺在燃燒」來吸引眼球，網路上更有網友發起#PrayForAmazonia的主題標籤（hashtag），希望讓更多人關注這起重大事件。

然而，眾人關注的不只是野火為雨林帶來的生態悲劇，巴西總統波索納洛（Jair Messias Bolsonaro）所發表的言論更引起全球廣泛討論。他認為歐美社會對巴西雨林大火的關注是「殖民者干涉內政」的象徵。波索納洛於二〇一九年上任，他所領導的政府認為開發亞馬遜雨林能換得經濟果實，因此政府鼓勵人們點火燒荒以開發雨林，儘管雨林當時在通常無自然火勢的非旱季中，仍處處火焰、濃煙。

在許多人眼裡，亞馬遜雨林大火是巴西政府造成的人禍。因為雨林氣候潮濕，若沒有大規模伐林，就不會有乾枯的木材，更不會有持續蔓延的火苗。自然產生的野火可能是森林規律更新、自然環境自我清理機制的一部分，而人們燒荒造田固然是一種利用森林資源的傳統方式，不過政府也應衡量經濟、土地、自然資源與氣候變遷間的平衡，尋求適當的政策與技術，求取經濟發展之外，也為人民家園的環境永續考量，重視人為造成的火災帶來的風險，而國際企業為了獲得更多土地與資源進行生產，在開發中國家以經濟利益為誘因，剝削當地資源或轉嫁環境成本，以及各國發展不均等的現實問題，也是全球化趨勢下不分國界的消費者、環保議題關注者須重視、思考的面向。

臺灣也有森林大火嗎？

森林大火對於臺灣民眾相對陌生，但我們偶爾也會在新聞上聽到「山火」事件。臺灣處於熱帶及副熱帶季風氣候區內，同時還常有颱風侵襲，大量降水讓臺灣能夠免於大規模野火的肆虐。然而，大大小小的山火仍會發生。統計數據指出，平均臺灣每年有四十一次的森林火災，規模雖然不若國外「大火」可怕，但許多火災事件肇因於人們用火不當或亂丟菸蒂，因此森林火災仍是臺灣自然環境的威脅，值得民眾多多留意。

臺灣森林火災的好發期大約是每年十月至隔年四月，這段時間正值中南部乾季，氣候乾燥、降雨有限，最容易讓星星之火得以燎原。二〇二〇年一月，臺中梨山就發生山火，燃燒面積約一點五公頃，火災在兩天內才獲得控制。

思考題

你覺得主流西方國家對於二〇一九年巴西森林大火的關注是「殖民主義的干涉」嗎？你覺得巴西總統為什麼會有這樣的想法？這與國際舞臺上的權力不平等是否有關？

森林大火除了是自然現象外，也可能是「人禍」。

第24課 假新聞與媒體識讀——網路時代的必備技能

虛假的資訊殺人於無形

尚未進入數位時代時，電視、書本及廣播等時下主流媒體的訊息擴散、傳播速度及方式有較明顯的限制，不實資訊的製作門檻較高且傳播較不容易。然而在人人皆可經營自媒體的當代，訊息傳播、擴散的成本大幅降低，有心人士如果想散播不實訊息，不需花太多力氣就可達成目的。不少民眾聽信網路謠言服用了錯誤的藥物、食物，導致身體不適、中毒，甚至假新聞逼死人的憾事時有所聞。

二〇一八年九月四日，燕子颱風造成日本嚴重災情，導致關西國際機場淹水。關西機場為海岸填沙造陸建成，連接對外交通的機場聯絡橋甚至遭大型郵輪撞斷無法通行，使機場猶如海上孤島，約有三千名旅客受困機場航廈，其中包含臺灣旅客與一千名左右的中國旅客。雖然受困民眾都由關西機場所派遣的巴士與高速船協助撤離，中國的社群平臺上卻出現中國大使館設法派遣巴士營救中國旅客的留言和假影片，接下來更有許多網友跟進分享，混淆、捏造出臺灣人要求上中方派遣車輛的假新聞。部分臺灣網友也在社群媒體上發表文章，表示當時機場沒水沒電，是中國大使館派了十五輛大車才讓他上車脫困，先前他打電話到臺北駐大阪經濟文化辦事處卻遭到漠視。有臺灣媒體在沒有充分查核事實的情況下，即時大量跟進報導了相關消息。

同年九月十四日，負責關西地區外交事務的臺北駐大阪經濟文化辦事處處長蘇啟誠，由於當天沒有去上班，辦事處秘書前往處長官邸查看，發現蘇啟誠已上吊喪生，遺書中吐露因處理國人滯留關西機場、遭受嚴厲批評而感到痛苦，後續調查則顯示其名譽受到不實新聞與衍生輿論、指控的損害。這起假新聞事件，最後導致臺灣一名優秀外交官殞落，也促使行政院推出七項修法，包含散播災害等不實消息最高可處新臺幣一百萬元的罰款；若有人因此死亡，最重可判處無期徒刑等刑罰。

面對假新聞：媒體識讀應該如何教？

面對假新聞，人們有足夠能力做出判斷嗎？根據美國史丹佛大學研究七千八百零四名學生的結果顯示，大約82％的國中生無法區分網站的「贊助廣告」和新聞報導。英國國會在二〇一七年的調查指出，英國只有2％的兒童和青少年具備能識別新聞故事真假的批判性閱聽技能。此外，近半數學生憂心自己無法辨識資訊的真假。然而英國早在一九八九年便在國定課程中制訂了媒體教育，將媒體教育加入正規教育課程中，實際成

在人人皆可經營自媒體的時代，假新聞的製作變得更加容易。

果卻不盡理想。教學現場的第一線教師們希望官方能給予老師充分的教育訓練及教材，才能確保學校的媒體教育成功。

臺灣的教育部在二〇一九年將媒體素養列入「十二年國民基本教育課程綱要總綱」九大核心素養之一（科技資訊與媒體素養），明定在義務教育階段，提供媒體素養教育與課程。目前媒體素養並沒有成為一門獨立的課程，而是需要由各學科老師自行設計相關課程，將素養精神融入教學之中。同時教師本身是否具有足夠的媒體教育能力，也存在許多疑問，因此不一定能保證每位學生都可透過系統性的學校教育，培養出一定程度的媒體識讀能力。

國內外許多媒體識讀教育的相關研究指出，只要經過一定時數的媒體識讀教育課程，受教者都能顯著提升辨識資訊真假的能力。但到底應該如何教導學生呢？媒體識讀能力的普及與提升，需要相當具體、系統化的方案，才能廣泛、普遍地在各地實施。

辨別真偽資訊，從何做起？

面對網路上爆量的各種資訊，一般人其實都可以自行審慎檢視與判斷。以下幾個原則，能協助閱聽者辨別大部分資訊的真偽：

1.媒體公信力

這篇報導是哪家媒體寫的？是從沒聽過的小媒體或內容農場，或是具一定公信力與製作規模，並受大眾信賴閱聽、許多公眾人物願意受訪互動或刊登發表意見的媒體？閱聽人必須對來路不明的傳播媒體與平臺提高警覺。

2.資訊與新聞來源

能否確定新聞來源？報導中的消息來源、新聞提供或報導撰稿者是否顯示為某不具名知情人士，或是一般人士？是具名或知名記者與媒體或知名評論嗎？如公共電視等。沒有具名的消息來源與報導者，難以追溯來源，也找不到人為報導的製作與發表傳播負責人，可能是假訊息的警訊。

3.利害關係揭露

一則新聞的作者、報導媒體是誰？和這篇報導內容、相關人士是否有利害關係或其他人際有關聯？利害關係可以做為判斷新聞內容是否可能蓄意誤導民眾的認知，或具有相當偏向某方的廣告業配或政治批判評論的基準。媒體多為企業或特定單位獲得專業許可而經營，新聞內容經過多人合力編採完成與呈現，更難免受到媒體資金來源、經營企業主與閱聽受眾的偏好和立場影響，難以達成「完全中立客觀」。意識並理解到利害關係的存在，閱聽人便可判斷報導的立場，提醒自身多蒐集接收不同消息來源，進行比較對照。

4. 內容性質

一則新聞的內容是否合乎常理，或是與你原先的認知有所不同？不合乎常理的話就要再多做確認。有沒有其他可信任的多個新聞來源也報導相同的內容，或者多位專家公開說明發表相關知識與意見？內容可疑、與認知不符，資訊完整度與真實性受到的影響，是源於該媒體立場通常與你不同？作者的呈現與表達方式的引導、被報導對象的情緒表現或個人言論渲染，還是有些涉及資訊與事實的部分，確實值得再查證、參照其他相關報導。評論與事實不可混為一談，個人感受與意見、作者或媒體的立場與利益、閱聽人的習慣和既定印象、事物客觀的條件與資訊……這些層面必須分開看待與分辨。

5. 時效與時間、地點

這則新聞是否已是過去的消息，裡面的內容目前還存在或適用嗎？圖片與影片是否看起來不完整、不清楚，有剪接改造的可能，或者與報導文字標題、內容描述不符，並非真實的事發現場或當事人？所謂「假新聞」內容不一定是完全捏造的天馬行空，而是參雜真假資訊，甚至搭配錯誤引用或情緒煽動的評論與意見，或把不同事件、來源與時空的訊息進行移花接木，拼湊成一篇似是而非的報導。一開始進行這樣的判別或許會有點不習慣，但只要上手了，便能初步判斷消息的真偽，避免假新聞的危害、對周遭親友健康與安全的負面影響。

思考題

你平常從電視、網路或社群媒體接收到新聞資訊時，會比對各方資訊嗎？你平常接收新聞的媒介能否禁得起上述五項原則的檢驗？

第25課 反境外勢力——爾虞我詐的國際攻防與角力

火速通過的《反滲透法》

隨著中國銳實力崛起與大外宣等統戰手法日漸強烈，臺灣在二〇二〇年一月公告實施《反滲透法》，這部法律在二〇一九年十二月經立法院火速三讀通過，在當時引起朝野與社會的激烈討論。草案審議過程中，經常提到外國政治勢力、境外勢力代理人，這些名詞到底是什麼？又與現行的《反滲透法》有什麼差異？

《反滲透法》的第一條開宗明義地說：「防範境外敵對勢力的滲透、干預，確保國家安全及社會安定，維護主權及自由民主憲政秩序。」直指境外敵對勢力透過統戰等滲透手法，干預臺灣民主政治運作並影響選舉。

《反滲透法》所規範的對象是「任何人」，但針對的是受滲透來源的指示、委任和資助的行為，而且只針對「捐贈政治獻金」、「助選站臺」、「遊說」、「擾亂社會秩序或妨害集會遊行」、「妨害選舉或罷免」等五大類行為。

那麼「境外敵對勢力」是誰呢？該法給予的定義為「與我國交戰或武力對峙的國

家或團體」，並包括「主張採取非和平手段危害我國主權的國家或團體」。至於「滲透來源」主要分三類：一、境外敵對勢力的政府及所屬組織、機構或敵對勢力派遣的人，例如中華人民共和國全國人民代表大會；二、境外敵對勢力的政黨或其他訴求政治目的的組織、團體或派遣的人，例如共產黨；三、由前二類組織、機構、團體所設立、監督管理或實質控制的各類組織、機構、團體或派遣的人，例如中國派駐黨政幹部的阿里巴巴。

在草案討論過程中，有些黨團例如時代力量、臺灣基進黨曾提出「外國代理人登記制度」的草案，要求將與外國政治勢力有關的個人或團體登記為「境外勢力代理人」，如果要進行影響選舉、公投、政策、政黨運作、通訊傳播等活動，必須披露活動資金、人員和事務關係往來等等，讓相關資訊透明化。最後實施的《反滲透法》並未採外國代理人登記制度，而是針對法規所定義的境外敵對勢力、滲透來源做出行為上的規範與刑罰。

源起：美國《外國代理人登記法》

代理人登記這個概念其實借鑑於美國的《外國代理人登記法》（Foreign Agents Registration Act, FARA）。二次世界大戰期間，美國為了打擊納粹在其境內的輿論宣傳攻勢，在一九三八年通過《外國代理人登記法》，要求境內任何代表外國利益的代理人，像是政治遊說者、企業公司、媒體機構等，必須向美國司法部登記並公布其與外國政府的關係、相關活動和資金資訊。

新社會政策雜誌有篇文章分析，ＦＡＲＡ的設立精神著重「事前預防」和「事後追懲」，為的是讓政治程序背後的外國勢力與影響力透明化，外國代理人還是可以從事相關活動，只是必須向公眾揭露其背後的境外勢力。

以傳播媒體而言，當媒體所傳遞的是比較類似為特定利益的宣傳，而非合乎具公共利益、平衡中立的新聞報導時，應該揭露資訊來源，這個道理就如同商業廣告必須交代資助來源一樣。也因此，美國司法部主張「依據ＦＡＲＡ的資訊揭露，不涉及對言論自由之限制」。

澳洲的反境外勢力攻防戰

其實不只是臺灣，澳洲在這場角力賽也借鏡美國《外國代理人登記法》，在二〇一八年分別制訂並通過《間諜與外國干預法》（Espionage and Foreign Interference Act）、《外國影響力透明法》（Foreign Influence Transparency Scheme）。

二〇一七年，澳洲前總理滕博爾（Malcolm Turnbull）提出此一系列法案，他引述澳洲安全情報機構的報告，表示外國勢力正企圖影響國內、外政治程序，因此有打擊的必要，並針對中國的境外勢力感到憂心。BBC中文網指出，澳洲媒體屢屢揭發中國資金對澳洲政壇的影響，像是收買政治人物與退休高官等，被認為是當局加速立法的主要原因。

根據BBC報導，這些法案要求遊說人士申報是否為其他國家服務，且大幅加重從事間諜活動的刑罰。同時也規定洩漏國家機密資訊的聯邦官員將面對更重的刑罰，入侵澳洲企業系統、盜取商業機密的外國人則要面對最高十五年監禁的刑罰。據報導，法案生效後，原本受雇為中國利益進行遊說的多名退休高官，包括先前的內閣成員或部長，因為不願被貼上「中國代理人」的標籤，紛紛辭去這些公關遊說的工作。

思考題

臺灣所通過的《反滲透法》草案，不走事先登記制的路線，著重在「限制行為」，直接列舉不法行為，透過刑罰讓司法介入。而「代理人法」的精神則是透過資訊透明化揭露背後的境外勢力，讓公眾知道哪些個人或團體代表外國利益，試圖影響政府或是民眾，並把判斷的決定權留給民眾。

為了保衛民主，會不會反而傷害民主？你們認為哪種方式既能保護民主價值又能防堵境外勢力的滲透呢？

臺灣《反滲透法》針對受滲透來源指示、資助的政治行為，有相關的規範及罰則。

第26課 全球化下的「外出打工族」——移工福祉與工作權

人人口中的「移工」，是你認知的移工嗎？

每當我們聽聞或提起「移工」一詞，與日常經驗和記憶連結、腦海中浮現的形象是哪些人呢？當你聽見有人以「外勞」稱呼來到臺灣的外籍工作者，是否喚起了某些特定印象？這些印象對應到哪一群人？移工可泛指在一國之內或國際間移動到他地從事有報酬工作的勞工，而外籍移工特指從國外來到當地進行有薪工作的勞工。因此無論是在辦公室進行事務工作的白領外國工作者，或者從事居家照護服務、製造業等職業的外國工作者，其實都可歸類為外籍移工。在經濟全球化趨勢下，國際間人員流動、交通往來成為稀鬆平常的景象，我們對於在臺灣工作和生活的人群的想像，又歷經了怎樣的變化？

儘管內政部二〇一九年已經在居留證等官方文件上將來臺從事製造、社福照護等缺工行業的外籍人士「正名」為移工，但除了帶有一定刻板印象的「外勞」一詞仍常被一般人使用，事實上，從事不同類型產業的外籍人士，因為適用不同制度規範，在法律文件上仍被不同名稱所區別。一般而言，外籍工作者的居留狀態與《出入國及移民法》規範有關，而《就業服務法》則規範了外籍工作者聘雇與申請來臺、政府與雇主管理外籍工作者的原則，列出十一大類外籍工作者可從事的行業類型，包含專門、技術性、教育類、運動專業、表演藝術等雇用及管理詳細規範劃為《外國專業人才延攬及僱用法》範圍的白領工作，以及海洋漁撈、家庭幫傭及看護、機構看護、製造、營造和屠宰等多由《就業服務法》規範雇用與管理事項的藍領工作，從事者即為現行法律政策文書上指涉的移工。另外，外籍工作者與本國勞工一樣，薪資、排班休假等事項適用《勞動基準法》，除了家庭幫傭與看護工作，因工作時間與內容難以明確切割，薪資不適用勞基法，而以「雇主與勞工簽約時約定」為主。為平衡兼顧國民工作權保障、勞動力不足，臺灣以限制各產職業類別的外籍工作者人數為開放移工的政策主軸，且限制藍領勞工來源國，目前印尼、越南、菲律賓、泰國、馬來西亞、蒙古移工可來臺從事需高度體力和勞力投入的基層工作，或所謂工作內容有危險、辛苦、髒污特性強的「3K產業」。

臺灣移工現況

目前外籍移工來臺需經由仲介辦理，且通常得自付高額仲介費，若白領工作者透過仲介來臺，費用則常由雇主負擔。部分私人仲介機構可能運用資訊落差、移工對法規

移工在臺灣的權益仍有改善空間。

及語言陌生和對工作機會掌握不足的弱勢，收取多重費用，並提供在臺雇主優惠仲介費用、額外管理服務，以爭取合作。以往曾有雇主從移工薪資中扣取仲介費的案例，而移工除了就業與薪資保障的問題，還須面對三年合約到期、展延合約必須先出境，再次入境又被收取仲介費等難題。目前三年出境條款已被取消，勞動部開放並鼓勵雇主直接聘雇、非營利組織辦理仲介業務，但私人仲介機構尚未全面廢除，直接聘雇的制度也不夠完善。

截至二〇二〇年，全臺共有約七十萬名移工，相當於每三十三人中即有一人為外籍移工（不含外國專業人員）。隨著臺灣經貿和產業政策發展，與國內社會結構變遷，高齡化、少子化、國民的教育與就業情況改變，投入勞力密集產業、家庭幫傭與照護工作的勞動力不足，導致移工數量增長。此外隨著全球化趨勢的人口移動，面對新移民與其子女人數不斷成長，調整移工與移民政策是今後的重要議題。目前尚未通過的《新移民經濟法》草案，除了外國專業人員，更納入從事藍領工作的外國中階技術人員，預期的改革目標包含移工長年在臺工作不得申請永久居留、不得自由轉換雇主等現行規定鬆綁，試圖重新整合入臺的外籍工作者的身分、工作權、申請來臺等規範。

全球政經合作架構重整：英國面對的移民（工）案例

脫離歐盟的英國，正面對一波波移民與移工政策的重整浪潮。因為不再適用原歐盟成員國之間貨物、人員等開放自由移動的經貿條款，不僅必須重新訂定稅務、貨物、服務交易的往來規範，也面臨勞力密集產業、缺工產業尋求勞動力產生額外成本的壓力。因應英國脫歐，英國政府在二〇二〇年頒布新的移民法，包括一套新的積分制度——勞工具備的專業技能、語言能力、薪資水準、工作機會等各面向，經評估獲得對應程度的積分來授與工作簽證或移民資格。許多國家都採取類似的審查制度或檢視項目吸引「高階」技術人才，例如臺灣提供了就業金卡給外國專業人才，但基層勞動力補充與本國國民就業平衡、其他類型移工的權益保障、全盤擬定因應多族群加入與國家發展變化的人口與移民政策，同樣不可或缺。英國移民新政策推出之際，即有眾多組織呼籲相關投資或技術性勞動力、海外勞工、高端科技發展應該並進。英國農、漁、食品餐飲、觀光旅宿、健康照護等產業原本就高度依賴歐盟勞工，此項法案也漸進式地促進了旺季期間，協助收成採收的季節性工人等不同移工制度的推陳出新。

思考題

你身邊有外籍移工嗎？你認為他們遭遇了何種困境？而我們能透過什麼方式幫助他們呢？

第27課 經濟版圖大風吹——貿易戰與貿易協定

全球化爭端導火線

近年來的國際經貿情勢及與其連動的國際政治震盪，美國與中國間的貿易戰是最受矚目的大事件之一，世界前兩大經濟體間的衝突影響全球甚鉅。在一九八〇年代間興起的經濟全球化大浪潮中，中國改革開放後，挾著勞動力充足、市場龐大的優勢，吸引了不少外國投資，投入工業製造，經濟逐漸崛起，不但多國對中貿易順差日趨擴大，中國也因低廉的勞動力優勢成為世界工廠，許多國家因而流失了大量低階工作機會，國際間與各國國內各階層的所得平衡傾斜，加劇貧富落差。美國前總統川普上任後，明確調查中國崛起過程中的各種技術取得途徑與國際競爭，包含了對外國廠商與技術的強制與不當轉移、間諜竊取等作為。

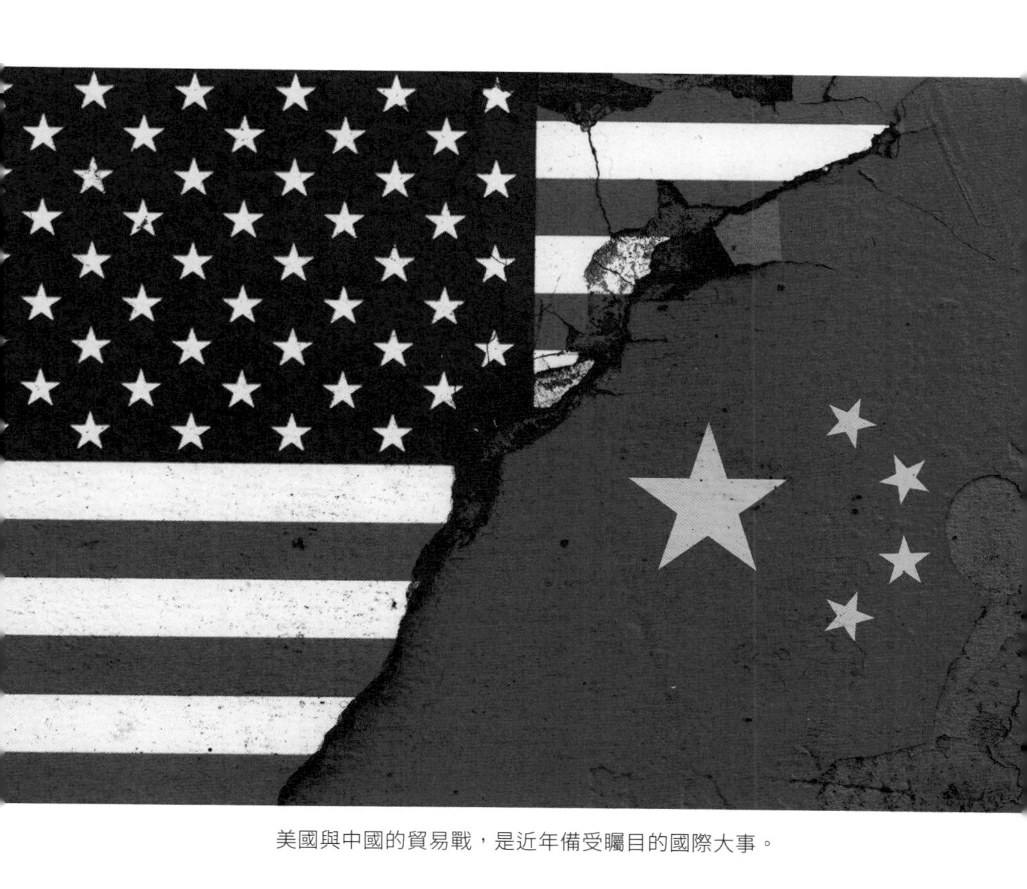

美國與中國的貿易戰，是近年備受矚目的國際大事。

一帶一路到貿易戰開打

除了智慧財產權爭議，中國經濟成長隨著國家發展程度自然趨緩，工資逐漸上漲等現象使人力優勢不再，在成長漸緩、產業轉型為資訊科技等新興產業的變動下，過度集中投入少數產業的資金，及因應產業變化與轉型面臨失業的大量勞動力，造成產能過剩。不斷擴大的產業與產能，需要在全球求取更多資源與空間疏導、發展，「一帶一路」計畫即為中國輸出勞動力、引導企業對外拓展與投資，應對產能過剩的策略之一。

中國與多國協議透過投資放款、協力投入他國重大公共建設（如鐵路、港口、水壩工程）貫通國際經貿路線等形式擴張經濟版圖。然而除了經濟發展合作，也藉此創介入協議國家的政局與民生經濟，涉及軍事政治擴張的地緣戰略。以巴基斯坦為例，因為財政狀況不佳，向國際貨幣組織申請貸款舉債的代價過高，可能會遭國際組織強制介入改革財政制度，巴國接受中國提供門檻較低的貸款條件，並被強力要求購買中國產製造材料、輸入中資企業與中國勞動力進行建設，導致無法透過國內公共建設帶動自身相關產業成長、為國人創造就業機會以改善經濟處境。使巴基斯坦反而出現產值下降、失業率提高、物料產品進出口失衡等問題，自然更難以償還債務，只好接受建設完成須供中國租用、無法獨立運行營利的替代償債方案，陷入了財政不佳的惡性循環之中。

多年國際間的貿易失衡為遠因，加上智慧產權爭端，以及中國政府以共產極權體制之姿透過經濟擴張同時進行全球軍事、政治布局，帶有意識形態及治理體系衝突意涵，美國與中國一觸即發的貿易戰在川普上任後大規模地引爆了。

兩大經濟體戰爭下的臺灣與諸國

美國與中國的貿易爭端，和其他國家的關係又是如何呢？二〇一五至二〇一六年，曾有美國鋼鐵業者控訴中國鋼鐵業者將中國原料運至他國生產或再進口，逃避直接由中國製造出口時需付的關稅，經美國商務部查證屬實，包括以中國產原料製造冷軋鋼的越南業者等，都一同被課以懲罰性的高額關稅，警告其傾銷行為，以及繞道第三國進行所謂「洗產地」，逃避套用於中國產製品規範的行為。

二〇〇一年，美國因中國部分蜂蜜有稀釋造假、刻意壓低價格傾銷情形，將中國進口蜂蜜關稅提高，其後標示他國製造的蜂蜜進口量突然暴增，調查後發現，中國廠商轉運他國，將產品貼上其他產地標籤再流入美國，躲避美國的食品安全標準與關稅。而臺灣、馬來西亞等國的蜂蜜產業也遭受波及，因為進口國抱持關於洗產地管道的疑慮，蜂蜜產品一併被拒絕進口。二〇一八年起，美國為保護國內鋼鐵產業與國家安全，對出口鋼鐵與鋁製品至美國的所有國家增加關稅，臺灣鋼鐵的最大出口對象就是美國，當時努力爭取關稅豁免。二〇一九年五月，時任美國總統的川普再宣布對多項中國商品加徵高額關稅。各國也因此對美中貿易戰可能造成的國際貿易進出口、關稅協定影響密切關注，避免自身國家成為他國利用來洗產地避稅的管道，或者一併被其他國家施以貿易壁壘、制裁或視為有產品安全疑慮、違背貿易互利互信與公平原則的對象。

全球產業分工狀態重整，臺灣「護國神山」台積電與其他科技製造大廠受到比以往更多矚目，也與近年的美中兩大陣營布局、意識形態與經濟競合有關。在國際貿易情境下，與不同貿易夥伴的互動，和以自身國家利益為重的經貿政策制訂，講求動態平衡與因應局勢變化的策略。全球貿易局勢的每一步發展都和臺灣、各國的貿易對策相互連動，影響一國產品外銷、企業拓展的機會，也考驗了政治外交應對、商貿談判與國家產業發展升級規劃的決策智慧。

思考題

許多國家在美中貿易戰中，出於不同的理念價值、政經與戰略考量、發展需求，進行供應鏈重新布局，也正視國內缺乏某些關鍵產業或關鍵技術的危機與問題。臺灣以高科技製造代工著稱，占全球一席之地，還有哪些發展規劃，能讓我們在國際貿易與政治中維持獨立自主，甚至創造不可取代的優勢？

第28課　是移民還是難民？——歐洲移民爭議

橫跨歐、非大陸的地中海在二〇一五年後有了「死亡之海」的別名，一艘艘載著來自北非非法移民的船隻，因為超載、糧食不足、非法航行，無法停靠歐洲海岸，或沉船、或有人餓死、病死，上千人葬身在地中海中。根據國際移民組織（IOM）統計，二〇二〇年共有三百零二位難民或移民死於地中海，這條穿越地中海，自北非來到南歐的路徑，自二〇一四年起已奪去兩萬人的性命。

他們大部分來自北非、西亞，二〇一〇年以後因為「阿拉伯之春[12]」引起的國內動盪，逃難前往歐洲。「阿拉伯之春」後持續延燒的動盪不安，最具代表性的例子為二〇一一年持續至今的敘利亞內戰，迄今已有數百萬人被迫離開家園，流離失所。當然，歐洲的移民不只來自這些地方，也有來自於非洲、中亞各地的移民。

儘管來到歐洲尋求庇護的人數從二〇一五到二〇一六年的最高峰，至二〇二一年已

12. 阿拉伯之春：二〇二〇年起北非與西亞的阿拉伯國家，發生一系列推翻專制政權的民主運動，其中特色為以「網路」動員。該浪潮始於二〇一〇年突尼西亞「茉莉花革命」，而後利比亞、埃及、阿爾及利亞、敘利亞等地皆有類似的民主運動。

經少了一半，從原先一百二十萬人減少至六十萬人，但是歐洲難民的問題依舊存在，甚至更難以處理。如同歐盟執行委員會副主席Frans Timmermans所說：「歐洲不再經歷二〇一五年的移民危機，但結構性問題依然存在。」

這些人為何而來？

我們該如何稱呼這群人呢？移民（migrants）？難民（refugees）？還是調查資料裡會用的庇護尋求者（asylum seekers）？

聯合國難民署（UNHCR）區分了「移民」和「難民」兩者的區別，移民是指為了個人或是家庭的未來福祉而「選擇」移動的人；難民是指為了個人的生命安全和自由而「必須」移動的人。換言之，難民署的分類將兩者區隔成是否被迫移動。這樣的分類看似合理且容易，但真的是如此嗎？

試想一位居住於西亞的年輕人，每日透過販售商品、農作物，雖然能維持基本的生存，但未必能過上溫飽的日子，而且隨時可能因為戰爭與衝突爆發，導致生活不穩定。為了過上更穩定、安飽的日子，他選擇啟程前往歐洲。那麼，他會被劃分在經濟型移民（economic migrants），因為他是為了追求更好的經濟生活而移動。然而，原先的生活環境可能不是那麼穩定，追求經濟上更穩定的生活，可能也是一種「被迫」，因為相對較差的經濟環境可能帶來生命的威脅。移民和難民之間的界線其實相當模糊，一個人一生中可能也有多種身分，個人的遷移狀態並非能以二分法來畫分。

難民議題被提出的背景，可以追溯至二戰時期，因為戰爭而流離失所、逃亡的難民，受到國際的關注。聯合國難民署於戰後一九五〇年成立，最核心的條約為一九五一年簽署的《難民地位公約》，又稱《日內瓦條約》。該條約定義難民為「基於種族、宗教、國籍、特定社會團體的成員身分或政治見解歧異，受到迫害，因而居留在其本國之外，並且不能或由於其畏懼，不願接受其本國保護的任何人」。這個敘述將難民限縮在「人為政治迫害」的「政治難民」，較新型態的「氣候難民[13]」則未被包含入內。

《難民地位公約》中最重要的原則是「不遣返原則」，其條款第三十三條說到「任何締約國不得以任何方式將難民驅逐或送回到他／她的母國或其他國家，或可能導致難民的生命或自由因為其種族、宗教、國籍、特定社會團體或政治歧見而受威脅的領土邊界」。這個原則成為國際處理難民議題時的核心原則，卻也因為這樣看來無條件的接納，造成後續討論歐洲內部難民問題的困難。

13. 氣候難民：指因氣候變遷或災害導致原居住地無法居住，而被迫遷徙至他處的難民。

管制邊界vs人權問題：歐洲移民政策的兩難

根據《難民地位公約》的不遣返原則，強行將難民送回祖國是不可能的選項，如何在歐洲內部進行有效且合理的難民分配，就成了關鍵問題。《都柏林公約》是過去歐洲內部釐清誰是處理尋求庇護者的主要規範，該公約說明「到歐洲尋求庇護的難民，必須在第一個進入的簽約國申請庇護」，但是引起了兩個問題：

1. 根據地理位置，第一個進入的簽約國大多為南歐國家（如希臘、義大利、西班牙），這些國家的經濟狀況並非最強盛，不足以成為能夠完全容納這些移民的地方。但是根據條款，這些國家有責任要處理庇護者的申請，因此造成沉重的負擔。
2. 第一個進入的國家，未必是這些難民最想落腳的國家。因此他們會極力塑造第一個進入國為自己想要前往的地方（例如英國、德國等），達成的方式如一上岸便搭上直達德國的火車，不留下在第三地停留的痕跡。

此外，也不是每個人都能獲得庇護資格，《都柏林公約》雖然規定了獲得庇護資格的身分，但是在執行上，各國因為超載的難民數量，更加嚴苛地審查，尋找不符合庇護者的條件，以拒絕庇護。即使獲得了庇護資格，庇護所的衛生及安全環境不佳，也造

「不遣返」是國際社會處理難民議題時的核心原則。

成難民處境的艱難。

二〇二〇年九月歐盟公布新的移民和尋求庇護政策的改革文件時，歐洲難民問題看似有了新的進展。這份改革主要強調下列四點：

1. 所有尋求庇護的申請者，須在入境前接受強制的健康、身分及背景核查。
2. 不論成功與否，所有申請皆會在十二個月內完成。
3. 成員國每接收一個難民，即可從歐盟預算中獲得一萬歐元資助。
4. 取消「都柏林規則」裡對難民只能向自己第一個入境國家提出庇護申請的限制，改以成員國的GDP和人口為準則，平均分配難民配額。

由於這項改革調整了《都柏林公約》的第一個抵達國家的庇護申請限制，被各國接收範圍較大。至今，我們未能確認接下來歐洲難民危機的走向，而且在二〇二〇年新冠肺炎爆發以來，暫時的庇護收容所及移民面臨的歧視問題，都將替歐洲帶來更大的挑戰。

從歐洲現況反思臺灣

二〇一九年因為香港反送中抗爭，不少香港人希望能夠尋求臺灣的政治庇護，因此臺灣難民法問題再次浮上檯面。《臺灣難民法》草案於二〇〇五年由內政部提出，二〇一六年經立法院一讀通過後，至二〇二一年底皆沒有進展。難民問題是一個全球問題，也是國際間保障的重要人權。但是，臺灣基於地理位置未有接收難民的急迫性，國內也一直未有定論，造成臺灣對於難民缺乏保障的現況。此外，臺灣《難民法》草案，更多是卡在與《兩岸人民關係條例》及《香港澳門關係條例》的重疊性，所引來的修法與臺灣國際定位的問題。

思考題

從歐洲的難民問題，到獲得居留身分的移民融入問題，我們都可以回過頭來思考，臺灣人面對他國移入者，應抱持何種態度？社會上有什麼需要理解、包容之處？

第29課 「貧窮」與「脫貧」——如何思考貧富不均的本質？

無法承擔的風險

提到貧窮，你想像到的是什麼呢？是三餐吃不飽的小朋友、看不起醫生的病人、還是念不起書的勵志學童？造成貧窮的原因是政府還是個人的努力不夠？在討論如何建構更平等的社會、如何脫貧之前，需要理解「貧窮」在現代社會的本質是什麼。貧窮只是沒有錢嗎？事實上，據學者研究，貧窮不僅是經濟條件，還是一種社會性、心理性的生活狀態。

二〇一九年，阿比吉特・巴納吉（Abhijit Banerjee）、埃絲特・迪弗洛（Esther Duflo）和邁克爾・克雷默（Michael Kremer）透過研究貧窮的本質，獲得諾貝爾經濟學獎。他們在《窮人的經濟學：如何終結貧窮？》一書中，提出了眾多可能導致貧窮並「遺傳」給下一代的因素，例如：

- 缺乏足夠盈餘與時間發展長期技能或投資
- 缺乏儲蓄而傾向滿足短期慾望

- 缺乏足夠資訊做出有益的判斷
- 傾向於忽略生活中的風險
- 缺乏承擔意外的能力
- 無法獲得可靠的金融服務、信用體系與保險

總體而言，貧窮導致的狀態，會在經濟的匱乏之外，進一步創造出一個缺乏引導長期計畫的環境。心理學學者奇斯．裴恩（Keith Payne）是不平等與歧視心理學的權威，他在《破梯效應》一書中提到環境如何改變人的本質與思考模式。他認為貧富真正的差距不在於金錢的數字，而在於自覺的「地位」，進而影響到人的行為。為什麼窮人坐監服刑、輟學、失業的機率比一般人多出好多倍呢？誠然，我們必須關注貧富差距下的巨大資源鴻溝，但裴恩提醒我們，窮人與富人最大的差別，在於「對未來的看法」。他從自身的經驗出發，說明從寫下讀書計畫，到為了成家存錢，甚至只是追求瘦身而訂下的減肥計畫，對窮人而言都很困難，其中背後原因為「活在當下」的心理陷阱。貧窮使人處於時時刻刻的緊張狀態以應對危機，並使人傾向於將資源投注於解決當下的困難／追求當下的滿足中，而失去長期規劃的能力。

從貧窮問題的多元性中，我們可以推導到協助脫貧也需要提供更加全面性的解決方案，而不僅是扁平的經濟援助或就業、就學扶助。不同國情中，針對貧窮議題也有許多不同面向的審思。

下面讓我們來看看不同國家所面臨的社會不平等課題，並思考臺灣的處境與可能的解方。

各國的社會不平等

美國：不平等從童年開始

社會學者羅伯特．普特南（Robert D.Putnam）在《階級世代：窮小孩與富小孩的機會不平等》書中從自身的家鄉出發，以美國俄亥俄州柯林頓港（Port Clinton）為例，說明美國為何貧富差距會不斷擴大。

美國過去曾經是社區較多元化的社會，使出身中下階層的孩子們一生中，有機會透過學校教育、社區活動、教會禮拜等接觸到不同職業與社會階級的家庭，進而擁有見識較多元的教養空間，培養多元視野，並透過親朋好友介紹與人脈，進而向上流動。然而，從一九七〇年代開始，隨著貧民窟與豪宅區逐漸兩極化，不同階層開始出現明顯的居住空間的隔離，進而影響到窮人家孩子向上流動的機會，並使窮人社區逐漸沒落。他也舉出了窮小孩在成長過程當中，在四個面向上與富裕家庭中長大的孩子不同：

- 在脆弱家庭中經歷不安穩的童年
- 父母教養中僅強調紀律和服從，而不鼓勵創造力

●教育的資源落差

●社會網絡的同質性高、碰不到貴人

不公平的童年，使窮小孩缺乏進入較高階層社會的社會資本，造成貧窮代代相傳。那麼，脫離貧窮的解方是什麼？普特南認為，如果能夠重新使貧富家庭的社交範圍重疊，創造下一代能互享社會資本的環境，就能有效地突破社會不平等。

英國：扭曲的勞雇關係——零工經濟合法嗎？

二〇一六年，英國記者詹姆士・布拉德渥斯（James Bloodworth）花費一百八十天，先後體驗了亞馬遜撿貨員、Uber司機、客服人員、居家照護員等低階工作。他將這段經歷寫成《沒人雇用的一代》一書，說明陰暗且低薪的工作，將如何造成生活的種種負面影響。他體驗的這些工作，背後的共通點是缺乏正式勞雇關係的「零工」生態。透過「共享經濟」、「自主雇用」等漂亮的口號，大企業的雇主試圖規避正規的社會福利保障，進而降低成本，但卻對這些工作者的身心狀態產生了負面的影響。

布拉德渥斯詳細敘述了低薪工作使他逐漸失去「計畫能力」的過程，並不能由他本人的高等教育背景或社會評價中的「智力」扭轉。他轉向高熱量食物來慰勞自己的體力勞動，傾向忽視其中負面的健康影響；儘管雇主宣稱這些「自雇者」擁有自己時間的掌控能力，但由系統設置的獎勵機制中，他若「擅自」拒絕接單，將獲得減薪懲罰。零

貧窮不僅反映經濟層面的匱乏，也是一種生活狀態。

工的工作也缺乏與管理層對話的機制，使他失去一般白領工作者的議價能力，落入「又窮又忙」的陷阱。

窮人真的比較笨嗎？實際上，零工經濟做為一種沒有社會保險與缺乏雇用承諾的不穩定就業型態，形同雇主將應承擔的社會責任外包給社會，並摧毀勞動者規劃生活的能力，甚至是身心健康。

二〇一九年，英國工會聯合會（TUC）和赫特福德郡大學的研究顯示，處於工作年齡的成人中，有近一成（約9.6％）的工作者打零工，比率已經是二〇一六年（約4.7％）的兩倍（羅方妤，二〇一九）。

二〇二一年，事情有了轉機，兩位司機法拉爾（James Farrar）和亞斯蘭（Yaseen Aslam）與Uber纏鬥五年，英國最高法院最終判定「Uber司機是勞工」享有最低薪資、假日與退休金的保障。許多分析師認為，這個歷史性判決，將會是扭轉英國零工經濟的第一步。

日本：老年的貧窮危機

即使走過了上述的貧窮陷阱，一生收入穩定落在社會平均線上，一旦發生重大傷病、事故，老年貧窮的陰影仍然不散。在《下流老人》一書中，描述高齡化社會下倚賴家庭的福利體制無以維繫，使日本人的老年生活受到衝擊。包括退休金中缺少醫藥費、安養機構費用的估算，子女教育費用升高甚至成為繭居族、啃老族，熟年離婚的贍養費與生活費提升等問題；家庭逐漸失去照護機能，政府又沒有規劃完善的長照服務等困境。「老後貧窮」逐漸成為社會的大問題，其成因並不能都推諉給年輕的時候不努力，背後有其系統性困境。

日本政府的福利制度倚賴公司與家庭的覆蓋網絡，從長期照護、老人年金、住宅政策等，都以家庭或企業為單位，但在社會劇烈變遷下，該政策邏輯恐怕將會進一步加重老年貧窮問題的嚴重性，並進而拖垮整個社會系統。具體而言，退休之後將不再有醫療保險，若個人風險意識不足，將可能面臨自己或親友的高額醫療費用。在少子化社會下，「養兒防老」並以家庭成員為理所當然的長照供給主體越不可行；年金若缺乏適當的規劃，更可能面臨給付不足、甚至破產的困境。

回顧臺灣：我們該如何建立更穩健與公平的社會？

根據美國智庫戰略與國際研究中心（CSIS）二〇一九年的報告，臺灣是亞洲均富最高收入國家第一名，中產階級比例高，已經是相較之下較為平等的社會。然而，前述的議題反映到臺灣社會上，也可以看到類似的貧窮困境。回應美國社會資本不均的問題，臺灣學者藍佩嘉在《拚教養》一書中，提到了雖然臺灣在居住空間與社交環境下，不同階層的交錯比例較高，但政府與社會提供的教養資源高度集中於中產階級，要求父母有中產階級條件，卻在不同的「教養腳本」中創造了不平等的童年，與難以在公共領域、教育現場中容納不同階級的教養想像。

而雖然不到英國的零工比例，但二〇二〇年，臺灣非典型就業人口已達7.13％，年增0.67％，外送平臺的興盛更加劇了該現象。而正在加速邁入高齡化社會的臺灣，高齡貧窮恐怕也是不得不面對的問題。未來臺灣的發展方向，如何解決不平等仍然是人類永恆的課題。解決貧窮問題的關鍵不是金錢，而是社會支持網絡、勞雇關係安全感的提供、福利網絡的設計等等，有許多複雜的機制。在個人層次上，做為一個公民，至少我們能將現有的資源「共享」化，持續監督政府建設更完善的照護體制、勞動體制，控制資本成為驅動社會向前，而非剝削窮人的力量。不僅是一日的慈善，集合所有人日復一日改善社會體制的努力，才有機會創造實質均富的社會。

思考題

如果你是一位「窮人」，你認為自己在臺灣社會中從貧窮到脫貧是可能的嗎？需要什麼樣的制度幫助？或是怎樣的社會文化有助脫貧呢？

第30課　通往理想未來的路標——SDGs永續發展目標

二〇一九年，蘋果公司宣布生產電腦及手機所需的鋁合金，百分之百使用回收再利用的鋁。知名瑞典家具商IKEA，旗下眾多塑膠製品逐步改採用回收再利用的塑膠生產，其中一款經典的RINGBLOMMA羅馬簾，就改採用臺灣製造的寶特瓶再生布料。二〇一九年玉山銀行破天荒宣布不再承作燃煤火力電廠專案融資，且既有案件屆期後也不再續約。這些企業的行動背後都指向一個共同的目標——聯合國永續發展大會所制訂的永續發展目標（Sustainable Development Goals，簡稱SDGs）。

SDGs脫胎自二〇〇〇年聯合國所推出，以二〇一五年為目標的千禧年八大發展目標（Millennium Development Goals）。二〇一五年時聯合國以二〇三〇年為努力方向，重新制訂了十七項目標，做為各國及企業努力的方向。這十七項目標分別為：終結貧窮、零飢餓、良好的健康與社會福利、良好的教育、性別平等、乾淨飲用水、可負擔的乾淨能源、有尊嚴的勞動和經濟成長、產業創新和基礎設施、減少不平等、永續城市和社區、負責任地消費和生產、氣候行動、水下的生物、土地上的生命、和平正義且健全的司法、促進目標實現的夥伴關係。

SDGs 目標影響了多國政府的施政方向及企業的策略考量。

帶領世界朝向不同的未來前進

千禧年發展目標是由聯合國以「脫貧」為目標制訂，由「進步國家」們直接宣布八項目標：一、消滅貧窮與飢餓；二、普及基本教育；三、促進兩性平權；四、減少兒童死亡；五、提升產婦保健；六、打擊愛滋病；七、促進環境永續；八、全球夥伴關係。並以開發中國家及最低度開發國家為對象執行各項計畫。然而十五年來的努力並不算太成功，經濟發展導致日益嚴重的環境問題，反而使消滅貧窮及健康方面的成效大打折扣。

以上種種現象也讓大家提出了反思：經濟發展難道應該成為衡量一個國家進步與否的重要指標，甚至是唯一的指標嗎？除了討論國內生產毛額（Gross Domestic Product，簡稱GDP）的成長，貧富差距、性別平等、環保指標……也應該是一個進步國家該努力的方向，於是在數十個國家的政府、公民團體歷經了一年半的討論後終於歸納出十七項目標、一百六十九項具體標的以及兩百三十二項指標，並提出「5P」概念，希望能帶領大家一同改變，地球（Planet）、人（People）、繁榮（Prosperity）、和平（Peace）、夥伴關係（Partnership）。

透過以良好的環境為努力目標，去思考在此前提下該如何滿足人們的基本需求，並發展負責任的經濟體系，再透過維繫合作夥伴關係來截長補短，逐漸扭轉經濟發展優先的思維，使整個社會慢慢朝著永續發展的目標前進。

更重要的是將名列已開發國家的歐美各國推上改變的第一線，因為「在永續發展的道路上，我們永遠都是開發中國家」。藉由這些環環相扣的目標，迫使各國在制度上與政府治理方式上做出改變，帶領所有的地球公民，不只追求經濟的富足，而是更加全面地為這個環境、整個公民社會朝著好的方向來努力。

這個理想還是得回歸到各國的實踐當中，而聯合國也將每年定期追蹤各國的表現。以歐盟為例，它於二〇一七年設立歐盟永續發展委員會，並由成員國指派大使擔任成員，以介紹各國進展並推進歐洲整體往永續發展目標為核心任務。以法國而言，法國在總理下設立了永續發展目標的跨部會委員會，並要求相關部會就其負責業務訂定出永續發展目標的政策進程。

關於SDGs：臺灣能做、並且做了些什麼？

在面對如SDGs等聯合國訂定的規章與條約，臺灣常常以透過立法院訂立專法的方式，來參與國際規範的落實，SDGs自然也不例外。臺灣於二〇一六年設立「行政院國家永續發展委員會」，同時召開許多跨部會、跨領域的專家會議。二〇一八年正式提出「臺灣永續發展目標」，並於二〇一九年開始施行。

這些目標都各自相應於聯合國所提出的指標，並同時提出相對應的政策。以近年來最熱門的長照議題來說，也是因應指標中的第一項「終結貧窮」。而這些涵蓋各方面的指標，也讓臺灣政府藉機重新思考目前內政所面臨到的各種挑戰。從重新檢討農業政策、司法政策、移民政策、性別平等的傳統內政開始，臺灣開始追求照顧各階層、各年齡的每一個人。近期才出現的概念，如綠色經濟、氣候變遷等，也都納入了臺灣的政府政策之中。不只有注意臺灣的島嶼，臺灣周遭的海洋也是永續發展指標的核心之一。

這些指標雖然都還只是數字的呈現，但其蘊含的卻是人類社會對未來的理想和盼望，也就是不應該有任何一個人被拋下。

思考題

雖然臺灣不是聯合國的一員，但政府還是跟隨聯合國的腳步制訂屬於臺灣的永續發展目標，在這十七項目標之中，哪一項是你覺得目前臺灣最需要努力的呢？

迎向更美好的未來

——政治與法律制度——

第31課 世界轉型正義史——釐清歷史，邁向未來

轉型正義是什麼？

轉型正義在臺灣常被視為「炒冷飯」的政治議題。從一九九七年立法院修正《二二八事件處理及補償條例》以來，到二〇二一年已經過了二十五年，對於什麼是「正義」、要如何「轉型」，以及要做到什麼程度，無論是政界、學界、民間仍然莫衷一是。

究竟轉型正義是什麼？它為什麼重要？首先提出「轉型正義」一詞的法學家Ruti G. Teitel，將其分為五個元素：

1. 刑事正義：審判威權時代的違法行為，建立新的法治規範與價值。
2. 補償正義：恢復受害者權利、名譽與賠償金，撫慰受害者並協助心理重建。
3. 行政正義：整肅舊政權公領域，剝奪或限制其中不義者的公職任用資格。
4. 歷史正義：發掘威權統治的歷史真相，凝聚社會集體記憶，重建政治認同。
5. 憲法正義：重新建構憲法，進行制度變革，建立合理持久的政治秩序。

由她的看法可以得知，轉型正義不僅是一項政治措施，更是一個全面性的反省運動，不僅是由「補償＋懲罰」的公式所組成。

而耗費巨大社會與財務成本的轉型正義，究竟價值何在？Judith Shklar 提出的「恐懼的自由主義」，或許能提供我們一些啟示。現代人談起自由與民主，常常認為是出於人類自我實現的天性與嚮往。但回顧自由主義的歷史，對暴力與殘酷的恐懼，比起唱高調的政治哲學，才是民主與自由獲得廣大支持的原因。這是以歷史記憶為基礎的自由主義，當我們深刻體認到過去威權體制發生的原因與事實，我們對民主社會的愛護之心才會油然而生；而透過對威權政府的歷史反省，也有助於避免極端政治對立。

以真相與和解為基石的轉型正義，是民主社會的保險栓。而已經進行過轉型正義的國家，又是如何理解這個困難的課題呢？

世界各國的轉型正義

南非：是白人、黑人，或是南非人？

從一九四八年到一九九四年，南非曾經經歷過漫長的種族隔離的歷史；對黑人的制度性歧視造成了無數的傷痕。在黑白對立、幾乎爆發內戰的時刻，當時的白人德克勒克與黑人領袖曼德拉達成和解，避免了流血衝突，雙方並一起獲得了當年（一九九三年）的諾貝爾和平獎。最後，民主選舉終結了白人長達三個世紀的統治，而新政府所需要面對的第一個課題，就是強烈對立的黑白種族。

當時的南非政府，選擇透過「現場見證」喚起人民的同理心，邁向曼德拉總統與屠圖大主教所敘述的「彩虹之國」。南非在成立真相與和解委員會後，隨即開始現場轉播受害者聽證會，使全國人民見證黑暗歷史，並以特赦做為誘因，使加害者現身描述過去罪刑。

南非的轉型正義確實造成了一個世代的團結，但卻沒有在根本上使黑人和白人社群融合；而隨著曼德拉逝世，他以政治魅力所凝聚的能量也正在消逝中。在青年失業率高漲、土地分配與貧富不均的影響下，南非形成了極端主義的溫床。在最新一次的大選（二〇一九年）中，極左派的黑人政黨與極右派的白人政黨異軍突起，擠壓了傳統兩大黨的席次，讓黑白對立重新浮上檯面，顯示在歷史的傷痕中建立起韌性的民主社會不容易。

波蘭：原諒的前提是了解真相

冷戰的鐵幕之下，波蘭曾經由共產黨所統治，以繁複的情治系統為治理的基礎，迫使人民活在密告的恐懼之中。一九八九年民主化之後，如何處理威權歷史的遺留問題逐漸浮上檯面。由於波蘭民主化的過程中，主要在反對勢力與共產黨的協商中逐步改選

位於波蘭，二戰時遭納粹迫害致死人數最多的奧斯威辛比克瑙集中營入口。

國會而成，該國的轉型正義過程也較溫和，以對歷史的釐清為主要核心，主要的措施為《除垢法》與《去共產主義法》。

《除垢法》規定部分公職人員或候選人有義務提交聲明書，說明自己於共黨時期是否曾是共產政權「協力者」，並公布於選舉文件與政府資料中，由人民自行決定是否原諒「協力者」，若經查證說謊則不可錄用。其中，政府的主要工作在於查證聲明書的內容以揭露歷史真相，而非清洗或切割前共產黨員。《去共產主義法》功能則在清除境內威權時代的相關紀念物。二〇〇七年，政府修正《除垢法》，試圖將人事清查擴大至中階公務員和私部門。由於該法缺少正當程序與獨立審判等基本權，被憲法法院宣告違憲，理由為民主價值並不接受以報復為目的制訂的法律。

波蘭的轉型正義，著重於記憶的重整，使社會全體能在對過去的反省中，同步向民主化前進。這個過程顯示了，轉型正義也可以是社會全體重新認知過去歷史，並以新的歷史觀與政治哲學塑造新政權的過程。

德國：沒有死角的歷史

與南非和波蘭新政權一上任就著手進行轉型正義相比，德國啟動的時刻距離納粹解體經過了頗長一段時間。一九四五年，德國在著重經濟重建與冷戰的氛圍下，並沒有啟動納粹政權的公私領域之人事清查。遲至六〇年代開始，德國大學生開始質疑歷史。

一九六八年學運的發生，促使學生們紛紛質問父母、教授與公職人員：「當納粹迫害猶太人時，你們在做什麼？」從學界研究累積出的歷史事實，到年輕一代點燃的熱情，促使整個德國社會開始進行全面的反省運動。後續如針對納粹罪刑的重審、設定無限期的法律追訴期，將公共空間去納粹化，轉而以藝術紀念、歷史重現等形式記錄納粹時曾受迫害的受難者；政府亦帶頭道歉，正視過去曾犯下的暴行。

談到轉型正義，德國常以「最徹底的」反省著稱。然而，它也曾經歷延宕多年以致部分加害者、受難者難以考證；且納粹經歷戰爭而垮臺，又面臨了以色列等國際壓力，不像南非、波蘭等國家在和平轉型中只須與前政權和解。每個國家轉型正義的方式，往往也與其走過的歷史相關。

思考題

臺灣的轉型正義以補償正義起頭，但對於歷史真相的釐清、責任的歸屬、政府權力的界線卻少有討論，也未清除威權時期的公共紀念物。二〇二〇年，促進轉型正義委員會發表「臺灣轉型正義資料庫」，試圖先利用判決書的整理循線摸索出經手的行政體系。上述發展顯示臺灣的轉型正義仍需要大量的研究、討論與建立共識的過程。

回顧南非、波蘭、德國三國的轉型正義發展，顯示其核心精神不應是報復與清算，而是透過檢討人們在複雜歷史情境下可能的行為，去思考與建立整個社會新的道德標準，並避免下一次的人權侵害。不同國家面對自身的歷史與課題，針對高度敏感的轉型正義，也給出了不同的答案。

你認為臺灣更適合哪一種方法呢？我們該如何在確實反省歷史的同時，避免新的傷痕？

第32課 威權與民主——兩者之間的距離有多遠？

在臺灣理所當然的民主，其實並不平凡

二〇二一年二月，英國《經濟學人》雜誌下所屬機構「經濟學人資訊社」（EIU）公布二〇二〇年民主指數評比結果，該民主指數由選舉程序與政治多元性、政府運作、政治參與、政治文化及公民自由等五項指標各自評分，加總後算出平均值，再依照分數高低排序。

臺灣在一百六十七個受評比國家地區排名世界第十一，高居東亞之首，《經濟學人》並以「亞洲民主燈塔」讚譽臺灣。然而，與臺灣一樣被歸類為完全民主的國家地區共有二十三個，僅占全球總人口數的8.4%，威權國家地區則有五十七個，全球生活在威權體制下的人口為35.6%。

一個民主國家該具備哪些條件？

「民主」一詞的源頭與理念最早來自古希臘的雅典城邦，經過兩千多年的演變而成為現今民主社會的基礎。古今中外的學者對民主的定義都有所不同，前文所述有關民主指數的各項指標也僅是眾多衡量民主的方式之一，但總結歸納後，對於一個現代成熟的民主國家來說大體須符合以下六項條件：

1. 公平且定期的選舉來決定政府的組成。
2. 受法律充分保障的言論、集會結社等各項參與政治的自由。
3. 選舉沒被壟斷，具有競爭性，政權有輪替的可能性，且可平穩地轉移政權。
4. 任何人都不因種族、文化宗教等原因限制其自由與參政權，且在法律上一切平等。
5. 獨立不受干預的司法單位，保障人民與團體各項自由與參政權。
6. 多數決原則且尊重少數與多元的聲音。

如能符合上述六項指標，無論是內閣制的英國、總統制的美國，或是雙首長制的臺灣等不同形式的政體，都可以稱之為民主國家。

威權體制下的國家

雖然自由、民主與人權已被普遍認為是普世價值，但在這世界上仍有許多地方的人民，並沒有辦法享受到這些權利。與民主一樣，從古至今學者對於威權的定義亦是百家爭鳴，但仍可以總結成以下三個特徵：

1.僅有極其有限，且受限制的政治參與及政治競爭空間。

2.不經法定選舉程序產生的統治者與其繼任者，統治者不受法律規範也不須傾聽民意。

3.人民及團體的權利受到相當程度的限制，包含表達意見的言論、結社自由與各項公民權利。

相較於擁有公平、公正的選舉與保證人民參政權、公民權並重視司法及多元聲音的民主國家，威權國家的統治者透過限制人民的各項權利來確保其統治的穩定性，缺乏獨立運作的司法機關也使統治者可以無視法律、恣意妄為，使國家並不會依人民的最大福祉做為施政方向，而是以滿足統治集團的各式需求為優先。

威權國家常以限制人民權利的手段，確保統治的穩定性。

民主到威權間擺盪的天平

民主與威權就像在天平兩端的存在，但現實世界中並非能如此完美地將兩者區分，一個國家的民主程度有可能會因為各種不同因素而進步或倒退，而這些介於民主與威權之間的國家，根據不同學說與民主化的程度高低，而被稱為選舉式民主、霸權式威權、半威權、假民主等。這些情況的國家我們都可以稱之為混合政體，意指該國家的現況混合了民主與威權的特色。

臺灣即是一個從過去極度不自由的威權政體，在數十年間透過有限度的地方自治選舉逐步累積民主生存與發展的空間。在許多人的努力之下，才一步步地使代表威權的國民黨願意對民主化讓路，過渡到混合政體，後續發生了解嚴、國民大會全面改選、首次實現政黨輪替正式轉型至民主國家，至二〇二〇年已有三次政黨輪替，並有著亞洲民主燈塔的美名。

近二十年來全球也有不少原本已經晉身民主國家，卻因為種種不同因素而使得政局陷入多年混亂動盪，倒退為混合政體甚至是威權國家的情形。如二〇〇七年肯亞的總統大選中，由於時任總統的Kibaki以極些微的差距贏得大選，落選的在野黨認為選舉過程有瑕疵，使得許多地區的支持者發起暴動，造成上千人死亡、五十多萬人流離失所，至今國內政局仍紛擾不停。

原是拉丁美洲民主模範生的委內瑞拉，因經濟過度依賴石油，石油價格崩盤時導致惡性通貨膨脹、物價飆漲，許多民眾旋即陷入貧窮，治安也亮起紅燈。總統馬杜洛（Maduro）在面對低支持度與民意的責難，卻是透過最高法院剝奪國會對經濟支配的權力，甚至在二〇一七年最高法院還裁定國會解散。後來雖因國際譴責而撤銷裁定，仍大幅削減國會議員權力，並另行投票創設取代國會的新機構。這一具有修憲權力的新機構，全部五百四十五席都是馬杜洛的勢力。二〇一九年反對派及國會領袖瓜伊多（Guaido）宣誓就任臨時總統並立即獲得美國承認後，使得委內瑞拉總統出現鬧雙胞的憲政危機，更演變成了兩個領導人的內戰，然而倒楣的卻是平民。

思考題

一個國家在民主化後，仍有可能再倒退回到採行威權體制的社會，而公民參與政治可謂維持國家民主的防腐劑。我們平時可以藉由哪些途徑或是方法來參與政治呢？

第33課 民主內涵與「投票」——民主機制的多元設計

生活在二十一世紀的臺灣，民主政治幾乎是一項日常生活的預設背景值。從打開電視就有名嘴在批評時政，二〇二〇年的高雄市長罷免成功以及總統選舉、二〇二一年的多項公投案，這些幾乎都被當成臺灣民主的證據。當然，也有人從歷史的角度提醒大家，臺灣民主其實得來不易，且還是相當稚嫩的民主政體。但本文企圖從另一個角度來討論民主：為什麼上述的那些行為，都會被涵括到「民主」？民主從一開始就是這樣嗎？

民主：歷史與內涵

在臺灣的高中公民或歷史課本中，大多都會談到民主一詞起源於古希臘的雅典城邦。然而，在城邦中，卻沒有我們現今熟悉的三權分立、一人一票，反而是只有一定財產的自由人男性才有參政的權利，而且也沒有投票的機制，而是抽籤！從這個簡短的敘述，大概可以得知當時的民主是相當不同的概念，甚至在之後漫長的西方歷史中，被認為是最糟糕的一種形式：因為它完全訴諸人民這個空泛的概念，足以讓政治完全被非理性力量所主導。

英國首相邱吉爾曾經說：「除了那些人類試過無數次的制度之外，民主的確是最糟糕的政治體制。」這句話表達了對民主無盡的期待與調侃——民主的確不好，但比起其他政體（貴族、獨裁、帝國等），卻也足夠好了！邱吉爾說這句話的背景，已經完全不同於雅典城邦時期的民主，而是奠基在投票權、票票等值的現代民主想像。而正是如此的想像，激發了二十世紀諸多政治與社會運動，使得投票權逐漸跨越性別、階級與種族的藩籬，達到普遍投票權的願景。人民直接或間接參與國家事務，似乎已經不再只是如烏托邦的願景，但在「民主」這個大旗之下，還有著相當多樣的制度設計。

人民參與國家事務的不同路徑：選舉、罷免與公投

民主就是投票，這個等式幾乎深植人心，也容易讓大家忽略，我們平常所投的「票」，其實在對象和效果上有著非常多樣的面貌。一般最常見的總統、立委的選舉，是最直接參與國家事務的方式。但是選舉就代表人民直接參與嗎？以臺灣為例，過去總統選舉長期都是由國民大會間接選舉而出，而非全民直選，以維繫中華民國政府宣稱對全中國的代表性。而美國選舉人團制度也是間接選舉的一種，原意是避免選出不適任的

總統，企圖在人民意志與菁英意志之間取得平衡。關於美國總統選舉的制度，將在下一課仔細討論。不過，在國家元首階層的選舉中，仍有許多國家維持間接選舉的方式，例如德國、義大利的總統都是由立法部門共同選出，目的是為了確保國家元首代表國家的超然性。

在立法部門的選舉也同樣複雜。在臺灣，可能大家都已經熟悉「不分區立委」，期許這些立法委員能夠超脫區域利益的限制，來監督全國性事物。這個區分在主要民主國家並不罕見，只是往往區分成兩院。美國、法國等國的兩院，主要是一個直接由人民直選，且按人口比例來分配席次多寡（美國眾議院、法國國民議會等）；另一個則是以區域劃分，每個區域席次均等，以避免人口多的地方有過大的話語權（美國與法國的參議院）。至於在英國仍有君主貴族的民主國家，上議院通常就保留給專業菁英、貴族等，期許能屏除民意的干擾，以專業性來審視議案。從這些概述，就可以知道可能一樣都是「人民投票」，但選票的效果、對象，卻大不相同。

而在臺灣，罷免與公投則是近幾年來最熱門的選舉詞彙，也都被當成人民直接參政的表徵。罷免，就是人民收回曾經賦予給民選政治人物的權力，但這項活動卻不是當前多數民主國家會採行的制度。即便是目前罷免制度運用最頻繁的美國，也只有十九個州有罷免的規定（不到一半的州數），而美國開國至今亦僅只有兩位州長遭到罷免。為什麼罷免規定並不常見呢？主要考量還是為了政治穩定。在現代民主制度中，民選政治人物多半都是固定任期（以四年最為常見），罷免的存在往往只會淪為政治攻訐的武器，反而讓許多政策藍圖難以推展，且既然有任期制度，首長、代議士得以固定更替，更讓許多國家認為罷免制度其實沒有存在的必要性。

選舉、罷免，基本上是圍繞在代議民主的概念：人民對代表他們的政治菁英，進行同意授與權力與否的討論。至於公投，一般都被視為是直接民主的象徵，而降低公投門檻也一直是過去十年左右，臺灣公民運動的主要訴求。不過，隨著近幾年臺灣的公投爭議，又不免讓人反思公投的意義。從英國脫歐公投以來，爭議就不斷，包括過度簡化的二分投票、讓代議士卸責的藉口、公投門檻訂定等。不同國家對公投的設計，其實相當多樣，不只是單純地要求政府去執行人民的投票結果而已。例如，英國長期以議會審議做為民主核心，公投其實只具有諮詢效力，而沒有拘束力。美國基本上也罕有全國性公投的規定，而是由各州自行規定。法國的公投規定，則是高度政治性：總統是唯一可以發起公投的憲政機構，而且公投題目基本上只要合憲，且關於重大法律、政治與行政變革，或是重大經濟與社會變革，都可以成為公投題目。因此，對法國來說，公投就是一場社會對於共和國共同體何去何從的辯論。現任法國總統馬克宏（Emanuel Macron）最想付諸公投的題目就是將氣候緊急狀態列入《憲法》，期許法國在《憲法》層次上承認氣候與環境的重要性。因此，公投背後乘載的是不同國家對民意需要共同決定的想像不同。

民主的多樣性與危機

民主制度的多樣性，不只是在選舉、罷免、公投等人民參與國家事務的多種管道而已，行政、立法與司法如何互動，也是有多種設計。目前最常見的分類，大概會將政體分成總統制（美國為代表）、內閣制（英國、德國為代表）、雙首長制（或稱半總統制，以法國、臺灣為代表）。總統制、內閣制的差別在主要行政權力歸屬。總統制主要由民選總統負責，因此他也可以任命部會首長；首長們的正當性來源就是總統，而由立法與司法權來監督政府。內閣制最主要權力正當性來自民選議員，因此由多數黨組閣，議員本身就是內閣成員，至於司法權扮演的角色，則是各國不一。例如德國就會解釋《憲法》的傳統，但基本上英國是在二〇〇九年之後將司法權移出上議院，才慢慢建立自己的最高法院。至於半總統制則是相對複雜，基本上是總統、總理共享權力，臺灣也屬於這個例子，由總統任命總理（即臺灣的行政院長，法國與臺灣的任命都不用立法部門同意），由總理組閣處理日常政務。

多樣的憲政體制搭配多樣的選舉、公投制度，讓人民投下的一票所產生的制度效果難以直接衡量。多樣化的民主制度，反應不同的人民參與國家事務的途徑，唯有認識這些制度，才能更了解如何在國家政治中產生影響力。

然而，人民參與有時也是雙面刃。複雜的政治制度設計容易讓人民參與大打折

罷免與公投是臺灣近幾年熱門的選舉詞彙，也都被當成人民直接參政的表徵。

扣，近幾年在財富分配嚴重不均的情況下，部分族群在政治與經濟兩方面產生相對剝奪感，對菁英、制度嗤之以鼻，而喜愛更直接、具煽動性的言詞，導致近幾年「民粹主義」盛行。民粹主義可說是民主制度的一體兩面，指稱一套強調自己才能代表人民聲音的政治動員修辭，在此種語境下，既有的制度與利益分配機制備受懷疑。在亞洲，民粹不是陌生的現象。印度的莫迪政府就被認為是民粹動員的例子，他的政治修辭強調本土印度教文化的重要性。而臺灣在二〇一九年十一月的地方選舉後，也被認為出現了民粹現象，也就是政治人物運用口語、素樸的語言，強調自己和底層人民站在一起，並強烈反對既有制度。

全球化時代下的「民粹」反撲，挑戰了人們對民主制度的信任與認識程度，也是個重要的提醒：其實只要我們採行民主制度，就幾乎注定冒著民粹主義產生的風險，從德國納粹、法國極右翼、英國脫歐、俄羅斯的普丁政府再到印度的莫迪政府，其實都展現出不同時代的民粹樣貌。認識不同型態的民粹社會與民主制度、公民參與，有助於人們重建未來的民主，當然，前提是人們仍願意相信民主！

思考題

你對臺灣的民主制度運行有什麼了解呢？請從選舉、罷免跟公投的角度來想想看，你覺得當下的臺灣有民粹的現象嗎？為什麼呢？

第34課 美國總統是怎麼選出來的？

——贏者全拿的選舉人團制度

居住在臺灣的人，對於每四年一度的總統大選一定不會感到陌生。街頭巷尾充斥了喧鬧的宣傳車聲、候選人的拜票聲、螢幕上主持人與來賓們激烈的討論聲……整座島嶼都籠罩在情緒高漲的氣氛中。但是，臺灣的總統、副總統選舉其實原本並不是我們現在所熟悉的「一人一票直選」。

臺灣的總統大選

一九九六年，中華民國迎來首次的直接民選總統，而這個「首次總統直選」，實屬得來不易。根據一九四六年十二月二十五日由制憲國民大會於南京通過的《中華民國憲法》，總統須由國大代表間接選舉，任期六年，可連任一次（此條款在動員戡亂時期凍結）。而由於國共內戰、國民黨戰敗之後撤退來臺的歷史因素，國民大會以及立法委員從一九四七年被選舉出來後，就一直沒有改選。直到一九九〇年的野百合學運，讓時任中華民國總統的李登輝召開國是會議，國民大會隨後於一九九一年廢除《動員戡亂時期臨時條款》，並於一九九一年底全面改選國代，一九九二年底全面改選立委，結束了「萬年國會」的運作。而直到一九九四年，國民大會通過《憲法增修條文》第二條第一項「總統選舉方式自第九任總統改由人民直接投票產生」，才正式確立總統民選的制度，並於一九九六年三月二十三日，完成中華民國首屆民選總統，由李登輝當選，成為第一位民選總統。

美國總統選舉制度

有別於在臺灣的大家所熟悉的「一人一票直選」，美國在總統選舉上採取的是「選舉人團（electoral college）」制度。選舉人團由各州選民所投選出來的選舉人所組成，他們共同的任務就是投票選出美國總統與副總統。意即，美國總統大選最終的總統候選人得票數是以「選舉人團」制度為基礎來進行計算的。

美國全國總共有五百三十八張選舉人票，因此，若想要在總統大選中獲勝，必須贏得至少兩百七十張選舉人票。而美國各州實際擁有多少選舉人票，是由該州在參眾兩院的代表人數決定。美國總共有五十州，加上華盛頓哥倫比亞特區，各為一個選舉人團單位。而美國國會有參議院、眾議院兩院，其中眾議員席次是以各州人口比例分配，參議員席次則是每州固定兩席，以平衡人口眾多與人口較少的州間的話語權。因此，以紐約州為例，該州有二十七位眾議員和兩名參議員，共有二十九張選舉人票。值得注意的是，由於美國《憲法》規定各州除了在參議院固定擁有的兩位席次外，在眾議院至少有一個席次。所以各州無論人口基數有多小，擁有的最低選舉人票就是三張。目前全美選舉人票最多的州是加州，共有五十五張，而同時有八個州只有三張選舉人票。

美國人民在投票當日所投下的選票，又是如何被換算成選舉人票呢？美國總統選舉制度與選舉人團的運作大致如下：

1. 政黨推派正、副總統候選人完成各州的參選登記。
2. 政黨在各州推出預定代表該黨的選舉人。
3. 在大選日，一般選民每人一票投給支持的正副總統候選人，普選投票程序結束後，計算每州各候選人的得票數。
4. 在一州獲得相對多數票數的正副總統候選人，等於贏得該州所有選舉人票數（內布拉斯加、緬因兩州分配方式較為不同，依各候選人得票數比例計算、分配，並非贏者全拿）。
5. 每州的獲勝候選人所屬政黨指定的選舉人團正式代表該州，將選舉人票投給普選獲勝的人選。最終全國選舉人票的結果會交由國會進行認證。

當正副總統候選人在一州獲得最高票數，就能拿到該州全部的「選舉人票數」，被稱為「贏者全拿」（the winner-take-all）。而任一候選人只要在全國獲得兩百七十張選舉人票（五百三十八張的一半）就算當選。

白宮（White House）是美國總統的官邸及主要辦公場所。

間接選舉的實踐與爭議

如果選舉人跑票怎麼辦？雖然選舉人團是一種「間接選舉制度」，美國憲法或聯邦法律沒有規定選舉人一定要根據普選結果把票投給多數選民支持的候選人，但根據慣例，絕大多數選舉人都會遵循民眾的投票結果。而部分州有相關法規限制選舉人團或處罰跑票，各政黨也會要求選舉人遵守普選結果進行投票，更曾有法官在相關的訴訟判例中指出依據普選投票的義務。沒有遵守該州普選結果的選舉人通常被稱為「失信選舉人」（faithless elector）。如果跑票程度嚴重到足以影響選舉結果，美國國會也可能會介入。美國歷史上至今出現過的失信選舉人所占比例極小，也未影響到美國總統大選的最終結果。

這套「贏者全拿」的選舉制度，最為人詬病之處就是可能會產生「獲得普選較少票數的候選人贏得總統大選」的結果。畢竟，候選人只需要在一州獲得相對較高的票數，便能贏得該州所有的選舉人票。即使兩方候選人的普選得票差距只有0.1％也是如此。此外，若遇到許多小政黨共同參選或投票率低、選舉膠著的情形，候選人很可能在普選票不超過該州選民半數的狀況下，拿到該州所有的選舉人票。

相對地，臺灣除了不分區立委依政黨得票數比例進行席次分配，地方首長、地方或民意代表與區域立委皆透過多數制決定當選結果，但部分區域立委可能因為人口密度較低，被劃為較大的單一選區、分配到單一席次，部分民意也可能在極少票數差距下難以反映於民意代表的選擇和政見上。

美國的建國領導者們當初是因為什麼樣的理由建立了這套選舉人團制度呢？簡而言之，選舉人團制度是結合了聯邦制、分權制衡和菁英式民主等概念的產物。首先，美國《憲法》於一七八七年起草時，全國統一的普選在幅員遼闊的國境之內同時舉行，實際操作上不太可行，也會讓多數人完全凌駕於少數，並不符合注重各州自治權的聯邦制度精神。再者，若由首都華盛頓特區的國會代議士來選出總統，可能又會給國會帶來太大的權力，不符合分權原則。於是，最後決定先由各州來選出德行與智識都良好的選舉人，再由選舉人組成的選舉人團投票選出美國總統。這項決定在當時獲得共識：對奴隸人口占比相當大的南方州來說，雖然奴隸不能投票，但他們也被計入選區人口統計（每個奴隸被算作五分之三個人），這樣的算法比起全民一人一票直選，給予了這些南方州更多國會代表席次與選舉人票，意味著更大的發聲機會；而對人口規模較小的州而言，比起全國性的全民投票，選舉人團制度在總統大選上也讓他們有了更多影響力。

思考題

目前，臺灣的總統大選是採取「一人一票直選」，由得票相對多數的候選人當選。在不同文化、社會制度變遷的背景下，政府體制、選舉方式、選票發放的形式等都與聯邦制的美國相異。你認為臺灣目前的總統選舉制度與美國「贏者全拿」的間接選舉制度各有什麼優點與缺點呢？在現實上又各自容易產生什麼爭議？

第35課 人民參審會帶來民粹的正義嗎？——國民法官制度上路

我們與司法的距離

在臺灣，經常於媒體與網路社群、輿論中感受到人民與司法間遙遠的距離。尤其某些重大或受矚目、少見類型的案件，往往牽引出關於人與法的多面向討論，涉及各方當事人複雜的生命歷程、眾多社會性因素的潛在影響。「法官判太輕了，根本不食人間煙火」、「這個犯罪者可能有自己的苦衷，法官不懂簡直是恐龍」……凸顯立場的評論發表也許不代表發言者對人性與法律的理解片面單薄，但匯集於公共討論空間，容易被簡化或誤解，導向衝突對立。媒體報導所呈現的內容立場、當事人的經歷陳述、案件背景披露、法官的事實認定和判決，每個旁觀者的理解與道德判斷都不一樣。經常有案件判決結果與群眾認知或道德情感相左，引起爭議或對司法不信任的狀況。

司法制度與程序的存在目的之一是裁量處理犯罪案件與人民紛爭，也是確保法律功能發揮、立法功能彰顯的重要途徑，司法人員的專業調查與裁判有其必要。但用之於

二〇二三年將上路的《國民法官法》，期許能廣納民意，完善司法判決。

社會、與人民權利與公共生活息息相關的司法制度，在秉持公平、無預設的中立性外，是否也需要做到參考社會大眾的觀點？

《國民法官法》立法：人民加入司法裁判

《國民法官法》在上述的觀點辯論下，於二〇二〇年七月三讀通過，預計於二〇二三年正式上路實施，期望透過不同生活背景的國民法官參與司法審判過程，能進而完善司法判決形成的視角與內涵，也期待一般民眾透過參與審判過程，和法官進行意見交流，能更了解司法體制以及判決形成的程序和考量，深入認識司法與人民的關係。

根據規定，公民須年滿二十三歲、在案件所屬的地方法院轄區居住四個月以上，才具有擔任國民法官的資格。一般而言，國民法官是公民義務，但若年滿七十歲，或因身心健康、身負養育照護等責任無法出席，或者具有在職教師、在學生身分，以及五年內擔任過國民法官者，被通知選任後，可依據以上情況拒絕。

為了確保審判過程的公平與獨立性，除了案件關係人、受褫奪公權者、一定期間內曾受法律判決、《刑法》或特定行政處分者，《國民法官法》也規範了軍警、律師、民意代表、政黨黨務人員等從事特定職業者，不得擔任國民法官，且僅最輕本刑十年以上或故意犯罪引發死亡事故的案件必須選任國民法官加入審判。每個案件的國民法官人選皆為獨立隨機抽選而出，地方法院受理案件後，依據經過層層篩選所造的名冊進行最後抽選並通知到任。一案中有六位國民法官、三位法官，全程共同參與詢問被告與證人、判斷證據能力等審判過程，國民法官最終與法官一起評議被告是否有罪和適用的刑罰，形成判決。

社會現實、多元觀點與司法專業的平衡：不同的參審制度

就《國民法官法》看來，臺灣革新的人民參審制度較大的特色，在於一般公民擔任的國民法官會經歷完整的審判過程，和法官共同釐清與討論、評議刑案中的事實部分適用法律、裁量刑度，並雙向交流。在人民參與審判的制度研究中，可被粗略歸類為涉及高度參與的「參審制」。與臺灣新制度相異的他國案例，包含大眾在影視作品中常見的美國「陪審制」，差異較大的部分如選任階段，檢辯雙方可就隨機抽選出的陪審員名單，在規範與行使次數限制下，考量案件性質與背景，提出「需具理由」或「無需理由」剔除不適任陪審員的要求。在審判過程中，公民組成的陪審團只會就事實進行認定、獨立討論，並多採用一致決做出被告有罪與否的結論，除了部分死刑案件，不參與量刑等法律適用面的裁決。法官不參與陪審團議決過程，引導審判程序進行之外，負責最後的刑責等裁量。而各地的審判程序、陪審員與法官在判決中負責的詳細工作，可能因各州的法規而不同。

思考題

身為國民法官，必須判斷當事人是否有罪、要受到什麼程度的刑罰，做出影響他人人生的決議。如果有機會擔任國民法官，你對這份責任的看法是什麼？你會以什麼樣的心態參與審判工作呢？

第36課 鼓勵女性參與政治——國會殿堂的性別平權

臺灣之光，國會女性席次「亞洲第一」

二〇二〇年總統大選結果揭曉，蔡英文以八百一十七萬票破紀錄獲得連任，在女性元首高票當選之外，國會殿堂的女性立委比例也創下了歷史新高。二〇二〇年在立委選舉中當選的女性立委共四十七席，在總席次一百一十三席中占比41.59％，從國際組織「各國議會聯盟」（IPU）二〇一九年十一月所發布的統計數據來看，臺灣此屆女性國會議員比例，在當下已超越瑞士（41.5％）、法國（39.69％）、美國（23.61％）、韓國（16.67％）、日本（10.11％）等已開發國家，為亞洲第一。

談到臺灣女性的政治參與，「婦女保障名額」制度值得一提。一九四七年公布施行的《中華民國憲法》第一百三十四條即明文規定「各種選舉應規定婦女當選名額，其辦法以法律定之」，亦即我國婦女保障名額制度是受《憲法》所保障，這樣的明文法規，即使以當今的平權觀點來看，或許可謂走在時代的前端。雖然在二十世紀後半期，許多國家紛紛建立起婦女保障名額的相關制度，但直接在《憲法》層級對婦女保障名額有所規定的國家，仍然很少見。

這部《憲法》隨著中華民國政府撤退來臺、頒布戒嚴令之後被凍結多數條文。走過全球最長的戒嚴時期，臺灣於一九八六年解嚴之後、一九九〇年在野百合學運中提出「解散萬年國大」等訴求。經過一九九六年至二〇〇五年間的七次修憲，確立總統直選、廢除國大、單一選區兩票制的憲政體制。七次修憲的結果不僅讓臺灣人獲得普遍選舉權，也在《憲法》的框架下，參照性別配額的國際趨勢進行相關法規的制訂。在地方上，由一九九九年修正的《地方制度法》針對地方選舉中人口較多的大選區，明訂四分之一婦女保障名額制度。二〇〇五年修憲時，《憲法增修條文》第四條明訂「三十四位不分區立委當中女性不低於二分之一」，確保即使區域立委席次皆由男性當選，國會仍能保有至少15%的女性立委席次（全國一百一十三位立委中，保障女性至少十七人）。

婦女保障名額的性別比例原則

婦女保障名額制度最初設立的目的是希望能改善女性被排除在外、無法進入公領域的情況。就結果而言，婦女保障名額制度確保國會之中有女性代表出席在場、擁有發聲機會的必要性。然而，做為積極導正女性長期被排除於公領域的方法，這樣的制度一直以來都有諸多討論與爭議。支持者認為相關制度能夠改善性別天花板、提升場域內的女性晉用比例結果；反對者則提出保障名額的限制，反而可能成為女性參政的天花板。例如，各政黨可能只願意在不分區立委名單中依規定保障女性參選資格、對於區域立委等其他領域的女性參政者反而形成阻礙。反對方的理由也包含「優惠性污名」，亦即婦女保障名額制度讓女性參政者被貼上「女性不需要努力、靠名額就能進國會」的標籤。

臺灣民主化已超過三十年，在實際運作上，相關制度的成效如何呢？概括而言，婦女保障名額的制度設計似乎大大提升了臺灣女性參政。在地方選舉上，二〇一八年議會選舉結果中，當選的女性議員占33.66%，已高於《地方制度法》所明訂的25%。而在中央層級方面，二〇二〇年立委選舉中當選的女性立委占41.59%，超過憲法增修條文明訂的15%。甚至，交叉比對多屆、不同層級的選舉結果來看，靠著婦女保障名額而當選的女性並不多，顯示此一制度在培養與鼓勵女性政治參與上也許有顯著的成果。

然而，如果更仔細地檢視各個選區的現實狀況，會發現並不是所有的地區都因婦女保障名額，而創造更平等的男女參政機會。尤其在地方選舉，由於《地方制度法》只針對地方選舉中人口較多的大選區，亦即市議員、鄉鎮市民代的當選人數超過四人以上的選區，才適用四分之一的婦女保障名額制度。導致當選人數在三人以下，人口較小的選區與偏鄉地區，沒有任何的婦女保障名額。同時，這些地區往往也是家族政治「父傳子、叔傳姪」等傳統父權社會制度較根深蒂固的區域。事實上，有些小選區至今從未有女性參選與當選縣市議員。

二〇一一年臺灣修正《地方制度法》，將婦女保障名額改為性別比例原則。

針對現行婦女保障名額的討論、反思與可能改革方向，其實早在二〇一一年就已經提出。行政院二〇一一年十二月頒布的「性別平等政策綱領」中就明訂：「修正《地方制度法》，將婦女保障名額改為性別比例原則，以『北京宣言暨行動綱領（Beijing Declaration & Platform for Action，簡稱BPFA）』所設定之30%為中程目標，並以達成40%性別比例原則為最終目標。」內政部於二〇一二年、二〇一七年分別舉辦相關座談會及公聽會，學者和專家們也多表示支持將《地方制度法》中，四分之一的婦女保障名額改為三分之一的性別比例原則的修法方向，也就是每三位當選人中，任一性別不低於三分之一。性別比例原則的好處在於，除了能夠鼓勵女性參政，若未來選區出現當選人中男性不足三分之一的情況時也能適用，因而有同等的保障效果。

日本《候選人男女平等法》

與上述臺灣的情況有所不同，日本在二〇一八年所通過的《候選人男女平等法》，則是在二〇一九年參議院改選時，於日本的「一人地方選區」，在提升女性政治參與上有比較顯著的效果。在日本，不僅參、眾議院女國會議員比例失衡，只有約10%，在全世界一百九十三個國家中排名一百六十五，是G20會員國中最後一名。在一千七百八十八個地方議會中，女性議員總計只有議員全體中的13.2%，高度不符合現實生活中的男女比例。為了改善現況、鼓勵女性參政，日本於二〇一八年通過《候選人男女平等法》，明訂無論是中央、地方選舉，各政黨須盡可能讓其所提名的候選人在男女比例上接近一比一，但沒有訂出相關罰則。

二〇一九年四月和七月分別舉行的全國性地方選舉和中央參議院改選是《候選人男女平等法》通過後首次適用、實施的選舉。然而，以二〇一九年七月日本參議院改選為例，雖然整體上看來，有一百零四名女性候選人被提名、占比28%為歷年來最高，但仔細一看便會發現，比較積極在履行《候選人男女平等法》規範的政黨都是在野黨。執政聯盟的自民黨與公明黨提名的女性候選人比例各只占該黨15%、8%。在選舉結果方面，雖然在野黨有比較積極地提名女性候選人，參議院改選的結果不分政黨，總計有二十八位女性當選，占整理比例22.6%，和上一屆（二〇一六）參議院改選相比，女性當選比例並沒有提升。

值得注意的是，由於在二〇一九年的參議院改選上，在野陣營決定在日本全國三十二個「一人地方選區」，即該地方選區只選出一席，共同合推一名候選人，以形成在野黨連線來與執政黨抗衡。在這些一人地方選區中，在野黨陣營挖掘、提名了許多新女性候選人。對比執政黨在一人地方選區只提名三名女性候選人，而且這三位都是準備爭取連任的現任參議員，在野陣營則是在三十二選區中提名了十五位女性候選人。以結果而言，在野陣營於一人地方選區拿下的十席中，男女人數各半，可說是《候選人男女平等法》實踐下的正面成果。

思考題

就制度面而言，你覺得臺灣現行的婦女保障名額有什麼利弊？你認同將《地方制度法》中「四分之一婦女保障名額改為三分之一性別比例原則」的修法方向嗎？為什麼？

第37課 修憲不修憲——臺灣憲政變遷走向何方？

二〇二〇年十月，立法院通過朝野各黨團所推派的委員名單，正式成立修憲委員會，睽違十五年後再次開啟修改憲法之路。截至二〇二一年五月，完成一讀的修憲提案已有五十六個之多。

「修憲」乍聽之下是浩大莊嚴的工程，其實與你我的權利、乃至臺灣整體發展密切相關。目前眾多提案中，最能獲得各黨共識的便是調降選舉權的年齡，讓十八歲的青年也可以參與投票。既有修憲提案還有降低修憲門檻、廢除考試院及監察院、新增環境權等基本權利、廢除平地及山地原住民立委之劃分等。另有民間團體認為經過七次修憲，《中華民國憲法》早已被修得面目全非，不如制訂新憲。

憲法意義與變遷

一七八九年《法國人權宣言》第十六條指出：「國家如果不保障人民的權利，並未採取權力分立的制度，可以視為沒有憲法。」可謂是憲法意義的精髓。義大利政治學

「修憲」與人民權利及國家整體發展方向密切相關。

者Sartori認為，具有近代意義的憲法乃是一部關於政府組織的基本法律，用以限制政府恣意擴權，以確保個人最大自由。當代諸多憲法學者亦強調，近代「憲法」必須是符合「憲政主義」理念，才夠格被稱為「憲法」。而憲政主義便是建構「有限政府」以保障人民權利的理念，涵納我們平時常聽見的國民主權、民主制度、權力分立、法治原則等。簡單來說，「憲法」有兩項基本要素，即規範國家權力與組織，以及保障人民的基本權利。

不過，憲法訂定後並非萬年不變，好比《中華民國憲法》在施行後不久便面臨領土範圍極大的變化，即使是《美國憲法》也在兩百餘年間有近二十次的增修。《美國獨立宣言》主要起草人Thomas Jefferson便主張《美國憲法》歷經歲月，無可避免地必須改換。多位憲法學者認為憲法慣例、憲法解釋、憲法修正，乃至於制訂新憲，都是因應憲法變遷的可行手段。然而，不同手段都有其界限所在，當現行憲法難以藉由憲法解釋等途徑予以正當化，憲法的修改遂成為必要之途。

曾經的制憲與修憲

回溯過去，臺灣人其實早在日治時期就曾歷經憲法初體驗。一八九五年，臺灣、澎湖改由日本帝國治理，因而有《明治憲法》之施行。雖然《明治憲法》在當時實施相當受限，不過仍因為「臺灣議會設置請願運動」[14]等事件，在部分人民心中播下了憲政主義的種籽。

一九四五年第二次世界大戰結束，戰後被國民黨政權視為中華民國一省的臺灣，亦獲選派國民大會代表的機會，參與制訂《中華民國憲法》。可一千七百零一位制憲國代之中，只有十八位為臺灣代表，且這十八位國代的選舉過程爭議重重，更不消說在先前的憲法草案階段，臺灣代表幾乎沒有參與。

隨著國共內戰白熱化，剛於一九四七年十二月二十五日施行的《中華民國憲法》，旋即在一九四八年後遭《動員戡亂時期臨時條款》及體制凍結，大幅地擴張了總統的權力，卻違背權力分立、國民主權等憲政原則。經過近半世紀至一九九一年，《動員戡亂時期臨時條款》才在李登輝總統時期宣告解除。其後六度修憲，促成國會全面改選、總統直接民選、賦予地方自治法源、將省虛級化、國民大會非常設化等，並改以立法院為單一國會。

二〇〇五年第七次修憲，將國民大會送入歷史，國會選制及席次也有所變革。其中，立法委員席次減半的政見獲得廣大民意支持並通過，認為有助於減少冗員和公帑花費。但據當時多位學者所見，大規模地減少席次，未必能讓立法院的運作及代表性變得

14. 一九二〇年代的臺灣議會設置請願運動，由林獻堂、林呈祿、蔡培火等人所發起，係根據《明治憲法》人民請願權請求設立臺灣議會，以達成臺灣自治，亦追求憲政主義的實現。

更完善。例如，席次大幅砍半，加上各縣市至少分配一席分區立委，使得人口約一萬人的連江縣與人口有四十五萬的宜蘭縣，同樣都是一席立委代表，導致部分縣市的立委代表性膨脹。

學者蘇彥圖便指出，修憲後的立委席次變化有擴大「票票不等值」之嫌，更反映出制度改革可能會帶來長遠複雜的系統效應，然輿論卻不見得能著眼更深，從而忽略複雜的問題更應細膩對待。

各國修憲比一比

第七次《憲法》增修亦將原先由國民大會修憲的權力，轉移至立法院及公民複決。因此《中華民國憲法》現行的修憲程序為：須經立法委員四分之一提議、四分之三出席，出席立委中有四分之三決議，始完成修憲提案通過，公告半年後再由公民投票複決，由此具體實踐國民主權的理念。

然而，修憲案要通過公民複決的條件，比選上總統還難。修憲所需的公民複決，並不像一般選舉只要相對多數就達標，而是需要有效同意票超過「選舉人總額的半數」才能通過。以二〇二〇年選舉人總額數據換算下來，修憲成功即需九百六十五萬人投同意票，比二〇二〇年總統當選票數多上一百多萬票。

若和他國的修憲程序比較，《美國憲法》訂有兩種修憲提案程序：一是需要參眾兩院皆有三分之二的多數議員通過提案；另一種則是全國三分之二以上的州提案，要求召開制憲會議。兩種程序最後都需要經過四分之三以上的州批准立法，方能生效。

近年來日本執政黨有意修憲，若要成功修憲需參眾兩院皆有三分之二以上的議員通過提案，接著交付公民複決，獲有效投票總數中超過二分之一人數的贊成。

和臺灣同樣是全球第三波民主化的南韓，修憲需要國會總額過二分之一的議員或總統提議，經總額三分之二以上的議員通過提案，再交由公民複決。公民複決需公民總額超過二分之一的人數投票，且總投票數過二分之一贊成，始完成修憲。

相比之下，臺灣修憲門檻是相對高了點，因此近年有部分團體倡議降低修憲門檻。不過，亦有學者提醒適量鎖定制度，可減少其遭操控惡用的風險，門檻過低也可能會讓制度易於動盪。此外，為避免修憲過程激化族群的偏見與對立，有學者更呼籲應將公民審議納入憲改程序，以促進群眾的理性溝通與討論。

你是否贊成調降修憲門檻？修憲門檻該如何調整？又要如何提升並保障修憲過程中的公民參與？在這些問題中，恐怕沒有人能夠是局外人。

思考題

《中華民國憲法》第七次修憲後，納入公民複決的新修憲程序體現了國民主權的原則，但門檻相對世界各國較高。有民間團體呼籲應調降門檻，但亦有學者認為這樣可以讓憲法休養生息。你是否贊成調降修憲門檻？你認為修憲門檻該如何調整？修憲過程中，又要如何提升公民參與的程度與品質？

第38課 小國無外交？——強權政治下的小國邦交

國際關係方程式：強權即公理？

臺灣的外交常被媒體形容為淪為大國博弈的棋子，似乎臺灣的前景只能被中國、美國兩大國決定。類似的論調也曾見於新加坡前總理李光耀的談話，他感嘆「兩隻大象即便在做愛，底下草皮都會倒楣」，這句名言在臺灣政壇也頗有知名度。難道，小國只能淪為大國棋盤的一個棄子嗎？在學理上，對於國際關係的討論確實充滿著冰冷的數字：經濟發展、人口、軍武力量等等。而多數的外交理論也將國家間關係視為只求自身安全或利益最大化的競逐關係，在缺乏國際政府的情形下，「強權即公理」就是國家間互動的基本法則。

第二次世界大戰後，國際政治格局產生了劇烈變動，國際組織、國際法甚至是國際間非政府組織的出現，試圖扭轉過往單純由大國元首決定國際關係的邏輯。這些新的國際政治參與者，替小國外交創造出許多可能性。臺灣外交正是在這樣的軌道中試著走出另一條道路。這條道路異常艱辛，臺灣不僅是小國，而且還是不被承認的小國。

國際組織、國際法、國際非政府組織，試圖扭轉由大國決定國際關係的邏輯。

大國棋盤下的小國邦交

我們一起來思考看看，什麼是小國？許多人會從客觀定義著手，比如領土未達十萬平方公里、人口數未達一千五百萬，或是國民生產毛額（Gross National Product，簡稱GNP）未達世界總量的百分之一等等。但這些客觀定義，對於思考真正的國際互動卻有不少阻礙。比如：荷蘭、衣索比亞、泰國、紐西蘭，哪個算小國，哪個又是大國？這沒有非黑即白的答案。例如，在大洋洲事務上，澳洲向來將其視為勢力範圍，無論是氣候難民接納、漁業資源分配的議題，澳洲往往相當獨斷，也不滿中國與臺灣在當地進行外交競逐。但隨著大洋洲慢慢成為中美角力戰的前線之一，澳洲在當地事務的話語權也開始不若以往。所以，國際政治中的小國，可能難以用一個客觀且絕對的指標來定義，更重要的是在我們所討論的領域、區域中，各國的相對力量為何？

過去的外交研究多數只關注在大國外交上，研究者開始注意小國是跟二戰後大量湧現的殖民地獨立浪潮，以及冷戰中第三世界結盟的運動有關。因此，「選邊站」的策略運用，主導了小國外交的討論。一般而言，小國的選擇策略可分為三種：第一是「樞紐」（pivot），意思是在兩強之間進行等距外交，擺盪於兩端之中來謀求好處，但隨時可能面臨被兩強國同時制裁的風險；第二是「避險」（hedging），是指那些同樣和兩強國交往，但明顯與其中一方交好，這個策略的風險是沒有絕對的安全保障；最後則是「夥伴」（partner），就是某一強權的小老弟，理應有最大的安全保障，卻也同時失去外交上斡旋的籌碼。以美中關係來說，日本是美國的「夥伴」，寮國是中國的「夥伴」，多數國家則是親中或親美的「避險者」，而目前似乎沒有等距外交的樞紐國家出現。

除了這三種策略之外，結盟、中立化或是軍武化，也都是常見的選擇。國際組織的出現，給了許多區域小國第四種選項的可能，就是加入地方或國際軍事聯盟，某種程度上也能達成嚇阻大國的效用，但前提是該組織能夠有效發揮其組織效能。至於中立，就是結盟的反面，意即不結盟，瑞士就是一個例子。至於軍武化，目的就是即便大國入侵，也要玉石俱焚，以色列的全民國防以及新加坡的「刺蝟」政策都是如此：國家規模雖然小，但透過強化軍備來嚇阻周遭大國的軍事威脅。

無論從何種角度切入，小國外交追求的都是一種妥善運用兩強槓桿的智慧。如何妥善經營小國外交，目前並沒有絕對且普遍適用的準則，因為這端賴每個國家重視的價值。以美中兩強國為例，可能有的國家重視中國龐大的市場潛力，而與之交好，也有的國家希望不被中國威脅國家安全，而與美國交好。因此，多數國家其實都是採取「避險」的策略，以免被單一強權制裁。不過，歷史上許多案例卻又一再顯示，一味順從強權，未必會換來國家安全的保障，例如奧地利之於納粹德國、芬蘭之於蘇聯。臺灣外交面臨的困境，也有上述討論無法涵蓋者。

臺灣的獨特性：臺灣外交的未來展望

臺灣最大的困境就是我們的國家並不被國際承認，因此臺灣外交官無法從事一些常見且例行的外交工作，例如與駐在國政府官員舉行例行會面等。由於無法正常地參與許多國際組織，導致外交官僚系統長期無法發揮所長，臺灣的外交就必須仰賴許多「非官方」或者「非國家」的人員。比如近二十年來相當熱門的城市外交就是一例。透過城市間交流，讓臺灣官員們能夠以更多名義走出國門。而另一個近年來更熱門的領域大概就是仰賴公民價值的「人權外交」了。例如，二〇一九年臺灣成為第一個同婚合法化的亞洲國家，不僅國際上更清楚意識到臺灣與中國的不同，也開始體認到中國對臺灣外交空間的壓力。隨著近幾年中國人權議題不斷，部分聲音也主張臺灣至少必須成為接納中國人權運動者的中繼站，以及臺灣連結自由民主聯盟的管道。此外，「南島外交」是透過臺灣南島民族與大洋洲島國的歷史文化聯繫，將臺灣從東亞大陸解放出來，連結到大洋洲的海洋文化，也是近幾年文化外交的顯著例子。

這些主張都反映了臺灣的「外交」，並不只是外交官們的談判交際而已，更需要仰賴公民社會的蓬勃活力，來創造出臺灣官方與外國合作的可能性。雖然，這也會產生讓臺灣政府實質上選邊站的後果，卻是臺灣在國格不被承認的情況下，不得不部分倚賴民間先行的做法。

思考題

二〇〇八到二〇一六年，在馬英九總統主政下的臺灣，被部分學者歸類為「親美的避險者」（意即雖然同時與中美兩強權保持關係，但基本還是在美國陣營底下）；而在其後主政的蔡英文總統，則被部分人批評為只單押美國，成為美國的「夥伴」。你們認為臺灣外交能不選邊站嗎？或是，怎樣的選邊站策略最好呢？

第39課 不只是個人的個人隱私——跨越國界的資訊安全

資訊安全在當代社會已成為關乎國家及個人的重要問題。縱使各國在法規方面多設有相關規範確保各類資訊不被不當蒐集，然而實際上，使用者很難察覺及辨識網路上各種隱形在後端的資料蒐集機制。

現代社會中的人們大多仰賴網路存取資訊，在這個過程中，人們不免將個人資訊及使用紀錄暴露在匿名性強烈的網路世界裡。基於這樣的使用特性，資訊安全與網路安全環環相扣。一般而言，資訊安全是網路安全的關鍵，重點在於保護各項資料不被輕易外洩；網路安全的範疇則更大，除了包含資訊安全外，更包含防衛網路上各種潛在的威脅，如網路釣魚、惡意程式、電腦病毒、勒索軟體等。

當代的資訊安全大多聚焦在如何保障使用者的「資料權益」，包含個人資料如何被分享、使用習慣如何被記錄，以及個人是否能刪除留在網路上的資料。而保障資料權益最徹底的即為歐盟的「一般資料保護規範」（General Data Protection Regulation，簡稱GDPR）。

全世界最嚴格的個人資料保護規定——歐盟GDPR

歐盟的「一般資料保護規範」被視為數一數二嚴格的個人資料保護規定。在GDPR之下，歐盟公民享有個人資料從網路上全面消失的權利。雖然GDPR保護的是歐盟公民，但該規範除了適用於歐盟境內的企業外，更包含對歐盟境內人民提供商品、服務，以及蒐集歐盟境內使用者網路行為的境外企業。這使得GDPR的地域性變得非常薄弱，因為網路無遠弗屆，任何可能服務到歐盟境內使用者的網站都必須遵守GDPR的規定。

或許我們都曾有過這樣的經驗：在網路上搜尋過某些字詞，相關廣告便接踵而至。這其實是網頁蒐集及運算了我們的識別資料或存取紀錄。更直白地說，我們的個人資料及一舉一動都被記錄下來，甚至被轉手到第三方（如廣告商）。

因此，GDPR基本上保護身分資訊、個人資料、生物特徵及上網紀錄不被任意分享或販售，甚至更要求企業必須允許使用者刪除或更正資料。任何違反上述原則的行為都被歐盟認定為資料保護不周，最高可被歐盟處以兩千萬歐元（約新臺幣七億元）或全球營業額的4％。

歐洲的 GDPR 保障歐盟公民的個人資料能「從網路上全面消失」的權利。

歐盟的GDPR受到全球重視，不只因為其規範嚴格，更因為其跨越地域限制，不管企業所屬國家為何，只要向歐盟人民提供商品及服務，或嘗試記錄歐盟人民在網路上的一舉一動，都被視作GDPR的管轄範圍。

國際政治舞臺上的較量

資訊安全在個人層次上著重資料的保護，但在國際層次上卻多了政治的成分。中國的軟體或科技企業在海外遇到阻礙就是如此。在川普擔任美國總統期間，美國政府對華為、騰訊、字節跳動採取嚴厲措施，這些措施的共同點都是因其可能危及美國使用者的資訊安全，例如可能將使用者資訊回傳至中國境內。

在受美國嚴厲管制的中國企業中，華為面臨的制裁最為劇烈。川普在第一任期（二〇一六年至二〇二〇年）時指出華為與中國政府或軍方關係密切，可能對美國構成安全威脅，對該企業的5G通訊技術業務採取嚴格限制，如此的決策更影響到美國的盟友，例如五眼聯盟（The Five Eyes）[15]中的英國、澳洲、紐西蘭就限制華為參與其5G基礎建設，與美國關係密切的臺灣及日本也祭出禁令，透過國內政策排除華為參與通訊設施布建。

此外，也因為華為受到美國聯盟的強力壓制，這家企業甚至被拒於全球晶片供應鏈外。華為官方甚至向英國廣播公司（ＢＢＣ）表示，二〇二〇年對於華為是挑戰很大的一年，儘管華為的營收仍然持續成長，但成長幅度卻是近十年來最低的一年。此外，華為的海外手機市占也大幅度萎縮，使得華為更加依賴中國國內的市場支持。

拜登（Joe Biden）領導下的美國政府似乎對前述中國企業採取較軟的態度，但整體而言，美國對華政策仍然維持在「警戒中國」的大方向。未來美國政府（甚至包含美國的盟友）將如何在資訊安全方面與中國過招，這將是二〇二〇年代國際關係中的重頭戲。

思考題

資訊安全議題在當代已上升到國家安全的等級。你覺得臺灣該如何面對來自境外的資訊安全威脅？

15. 五眼聯盟：指由五個英語系國家所構成的情報共享聯盟，成員包含澳大利亞、加拿大、紐西蘭、英國和美國。冷戰期間，五眼聯盟共同開發出ECHELON系統，主要用於監視蘇聯體系。隨著西方陣營與中國的分歧日益加大，五眼聯盟近年來更聚焦於中國相關的情報，甚至有納入日本成為「第六眼」的傳聞。

第40課　瘟疫與國家治理——傳染病大流行下的社會

瘟疫與社會變遷：我們與傳染病的鬥爭史

二〇一九年，新冠肺炎造成全球大流行，顛覆了許多人的生活，也預計成為二十一世紀改寫人類歷史的重大事件。回顧傳染病史，皆大大影響了人類的歷史進程。十四世紀的黑死病（鼠疫）造成了近兩億人死亡，動搖了歐洲傳統的封建佃農制度，大量減少的人口使工資上漲，促使技術革新；教會的失能則引發了宗教改革。

而今日對付傳染病的重要武器——社交隔離、戴口罩、公衛管理等也在黑死病的時代誕生。十五世紀開始，廣泛且反覆流行的天花造成了約三億五千萬人死亡，大量美洲原住民染疫後使歐洲人成功殖民美洲。天花也促成了人類史上的第一種疫苗誕生：明清時期的中國，透過種人痘使人體獲得免疫力、十八世紀英國醫師則進一步改種牛痘減少不良反應。但強制接種也促使「反對接種牛痘者聯盟」成立，認為強制接種有害人權，開啟了反疫苗運動的先聲。十九世紀英國倫敦的霍亂，則帶來了第一波的衛生下水道革命，現在仍是開發中國家對抗傳染病的利器。

人類在一次次與傳染病鬥爭的過程中獲得了更多的工具與知識，也顯示了傳染病複雜地交織在政治和社會的脈絡中。是否能成功擊退傳染病，甚至會影響到政權的存續。疾病的治療是醫學，瘟疫的管控卻考驗了政府與社會間的信任與合作。本文試圖從國家治理的角度出發，思考在瘟疫蔓延之下，如何凸顯國家與社會的複雜脈絡中治理的缺失。

再次肆虐的傳染病：一九四六年臺灣衛生行政癱瘓

臺灣在日本時代時，建立起「隔離、消毒、預防接種」等基礎衛生觀念，公共衛生及環境清潔受重視，與衛生條件相關的霍亂及鼠疫受到很好的控制。然而，戰後國民政府接收臺灣，由於生活環境惡化，加上很多傳染病自中國傳入臺灣，已控制住的狂犬病、鼠疫及霍亂又開始猖獗，甚至天花都發生大流行。一九四六年至一九四七年天花更達五千個病例，死亡率也高達三成。嘉義布袋因霍亂而遭政府封城，在沒有任何醫療照護的狀況下，死亡率逼近六成。

柯喬治（George H. Kerr）所著的《被出賣的台灣》一書即指出，瘟疫的橫行、與瘟疫防治中官員的腐敗也是二二八事件的遠因之一。時任衛生局局長的經利彬向聯合國善後救濟總署領取了抵抗瘧疾的「抗瘧劑」，結果卻在事後阻止公單位發放抗瘧疾藥片，因為他已成立私人公司來販賣類似藥劑以從中獲利。

戰後臺灣瘟疫蔓延，可歸納為幾個因素：一是因為日治時期，日本政府所強力推行的疫苗注射等西方傳染病防治觀念，缺乏與民眾之間的政策溝通，使衛生習慣的訓練未能深入民間，一旦高壓的殖民政府撤出，衛生習慣就故態復萌了。戰後的人力、物力不足，也促使垃圾和水肥難以迅速清運至市郊。最後，傳染病爆發後官員怠惰的處理、腐敗與利己的心態，加上外來政權對本土人民的不信任感，都促使瘟疫不能在初期獲得掌握。

西非伊波拉病毒：殖民史下的社會與國家對立

非洲大陸上有許多文化、地理、種族上都歧異性頗大的國家，它們最大的共同點是近代的殖民歷史，也形塑了多數非洲國家治理的形式。戴倫·艾塞默魯、詹姆斯·羅賓森指出殖民體制屬於榨取型制度，少數菁英壟斷政治經濟利益，卻和在地社會、文化、族群嚴重脫節，國家治理能力低落。不幸的是，獨立過後的獨裁者卻繼承了這種制度，使權力集中在少數菁英集團，導致政治腐敗，公衛與醫療基礎建設薄弱，進而讓人民對政府的信任度低，對醫療體系的信任度也低。

二〇〇〇年前後，伊波拉疫情爆發，疫區周圍不時出現居民和軍警的衝突，社會與政府間的不互信成為病毒攻擊的弱點。賴比瑞亞在疫情擴散時實施了區域宵禁，動用軍警管控民眾流動。其首都蒙羅維亞（Monrovia）發生了居民攻擊一處收容疑患伊波拉患者的醫療中心的事件，民眾搶奪設備以及沾染血液的床單床墊，並造成病患和醫護人員逃跑四散。在獅子山第三大城凱內馬（Kenema），數千民眾因為對治療伊波拉醫院的不信任，試圖攻入一個醫療院所內，並揚言火燒醫院，放走病人。獅子山政府於是在疫區部署大量軍警，以防社會衝突失控。

人民的不配合與不信任，使疫情的管控更加艱難。如發現伊波拉病毒的比利時科學家皮特（Peter Piot）指出：「民眾對當局高度不信任。信任必須恢復，倘若沒有信任，就無法對付伊波拉這類傳染病。」

新冠肺炎：比較全球性的治理「破口」

相較於其他傳染病，新冠肺炎的1～2％死亡率已經相對「溫和」，然而它快速傳播的特性碰上了全球化時代，引起了一場不僅是在健康公衛領域，更是經濟與政治的浩劫。同時，也因為其全球化、快速傳播的特性，使我們得以觀察出這場疫情暴露了哪些國家的治理缺失。

在疾病最早爆發的中國，在資訊等於權力的獨裁者困境下，吹哨者們的預警無法

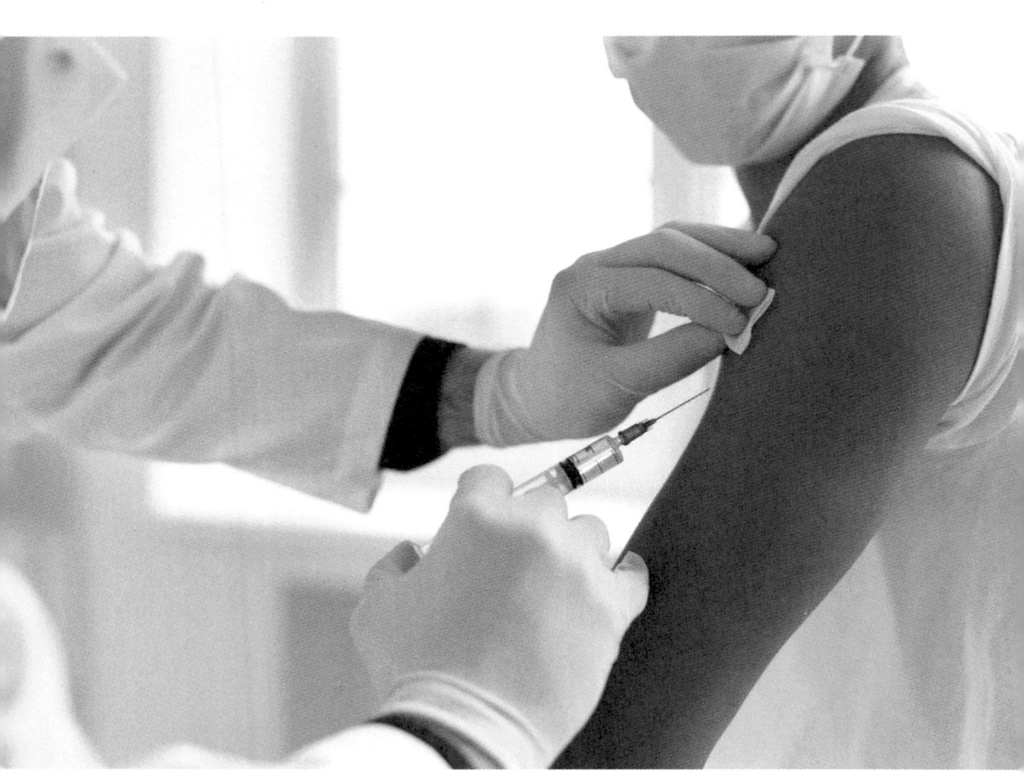

傳染病的管控考驗了政府與社會之間的信任與合作關係。

傳到大眾手中，手段強硬的封城又使民眾大批逃離武漢，失去了第一時間控制疫情的時機。然而，迅速且有效率的中央政府介入之後，中國成為了世界上最快控制疫情的國家之一，顯示威權政體有弊也有利。

在疫情爆發前的二〇一九年十月，約翰霍普金斯大學公布全球健康安全指數，最能對抗流行病的國家中，美國和英國分別奪下了第一名與第二名的寶座。然而，在真正的疫情底下，兩國在大流行初期的確診數與死亡率卻「領先」各國。這顯示了，最強的製藥能力、最好的研究大學與實驗室、最先進的醫療機構不是對抗大流行最重要的能力。英美兩國新自由主義的政府在關鍵時刻都缺乏整合與分配資源的力量，使國家實力成就了私人的富裕而非公眾的福祉；大流行敲響了治理的警鐘，使政府「向左走」，透過紓困方案重新投資於公眾、整合機構以應對危機，預計將永遠改變英美政治的面貌。英美兩國強大的生物科技實力也創造出了最有效的疫苗，成為了結束這場疫情的關鍵。

在亞洲，如印度與東南亞各國，疫情帶來的最大挑戰是醫衛基礎設施的不足，以及中央政府的施政能力無法覆蓋整個領土範圍，快速經濟發展所造成的「兩個社會」：城市中產階級與傳統農民社會難以同軌規制。相較之下，南韓、新加坡、臺灣等政府施政能力能貫穿全境，也帶來較佳的防疫效果。但性工作者、外籍移工等卻因為弱勢，被排除於主流社會之外，當疫情出現「破口」，就會威脅到整體社會的安全。日本則因為戰後如痲瘋病強制隔離、缺乏人道對待等侵害人權的歷史，使政府權限大幅度的縮減政策，連基礎的隔離都沒有相關罰則，「緊急狀態宣言」的強制力也有限，使疫情在高低峰之間反覆。

貫穿所有國家防疫問題的，是國家內部原先的不平等。國際組織樂施會（Oxfam International）在《不平等的病毒》（The Inequality Virus）報告中指出，弱勢族群中如女性、有色族裔、貧窮社區居住者較容易染疫，是全球性的現象；他們的工作更有可能無法遠距上班、較難申請有薪病假、無相關防護知識或衛生設備、負擔不起醫療費用等。換個角度來說，一個更注重平等與關懷弱勢的系統，也是面對疫情時最有韌性的防護網。

過去歷史上每一次的瘟疫大流行，都證明了人類有能力在創傷中持續前進與創造文明；新冠肺炎大流行是迎來大衰退的起點，或是社會轉型的開始，關鍵都在我們手中。

失控的駭人傳染病，往往直攻國家治理、基礎設施，以及社會信任網絡的罩門。傳染病的演化和傳播，是政治、經濟、社會和生態環境交織的結果。傳染病的爆發，是對一個國家的總體期末考，考驗我們的國家政策透明度、資源在地區間與階級間的平等程度、國家與國民之間的溝通的誠意、國民對政府的信任感等等。

疫病的流行永遠都不會消失，我們社會如何鍛鍊出和持續演化的疾病共存的能力，是每個政權與社會永遠的考驗。

思考題

二〇二一年六月，臺灣疫情爆發。做為一個公民，你認為臺灣的防疫表現如何？所謂的「防疫破口」背後，又存在著什麼樣的社會問題呢？

參考資料

我們的日常生活：社會與文化

第1課 從食安到食育——德智體群美和「食農教育」

- 陳竫詒（2013），〈當每人會做五樣菜〉，《天下雜誌》第524期。
- 曾慶玲、李秀靜（2013），〈當家政遇上食育〉，《中等教育》第64卷第4期。
- 顏建賢、曾宇良、張瑋琦、陳美芬、謝亞庭（2015），〈我國食農教育推動策略之研究〉，出自《農業推廣文彙》第60輯。
- 侯俐安（2018），〈各國食育比一比　台灣為何只能單打獨鬥？〉，原始出處：udn倡議家。
- 陳韋廷（2018），〈追求健康太奢侈？英國飲食革命失敗的啟示〉，原始出處：udn倡議家。
- 林玉婷（2019），〈全球第一個將食育入法！日本如何傾全國之力推食育？〉，原始出處：食力新聞。
- 蔡佳雯（2021），〈食農教育實施之初探〉，《臺灣教育評論月刊》第10卷第1期。

第2課 語言如何復興？——臺灣原住民的族語復振之路

- Warschauer, M., Donaghy, K., & Kuamoÿo, H. 1997. Leoki: A powerful voice of Hawaiian language revitalization. Computer Assisted Language Learning, 10(4)
- 吉娃思・巴萬（Ciwas Pawan）（2006），〈從紐西蘭毛利族的語言巢看台灣的原住民母語教學〉，出自《台灣國際研究季刊》第2卷第1期。
- Matoušková, A. 2008. Enseignement de la langue bretonne par immersion dans les écoles Diwan.
- Moseley, Christopher (ed.). 2010. Atlas of the World's Languages in Danger, 3rd edn. Paris, UNESCO Publishing.
- Le Page, B. .2016. Quand le breton était interdit à l'école. Ouest France.
- 行政院新聞傳播處（2018），〈落實《原住民族語言發展法》——推動原住民族語言復振〉。
- McIvor, O., & Anisman, A. 2018. Keeping our languages alive: Strategies for Indigenous language revitalization and maintenance. In Handbook of cultural security. Edward Elgar Publishing.
- 陳郁君、王槐仁（2019），〈法國地區語言的發展與挑戰：以布列塔尼語為例〉，《外國語文研究》，第30期。

- 原住民族電視台（2021），《部落大小聲》第368集〈紀念221『世界母語日』探討族語戰略！〉
- 原住民族語言研究發展中心，〈原住民族語言書寫系統總說明〉。
- 文化部，「原住民書寫系統」，《臺灣大百科全書》。
- 「沉浸式族語教學幼兒園」，https://iilkids.tw/
- 《原住民族語言發展法》。
- 《國家語言發展法》。

第3課
職場性別平等——從婚育歧視、男女薪資差異談起

- 苦勞網「2009國美館派遣工抗爭」系列報導。
- 張晉芬（2017），〈性別平等了嗎？男性和女性受僱者薪資差距解析〉載於李宗榮、林宗弘主編《未竟的奇蹟：轉型中的台灣經濟與社會》，中央研究院社會所出版。
- 勞動部，勞動統計查詢網。
- 行政院主計總處，薪情平臺。
- 《性別工作平等法》。

第4課
托育政策的困境——扶養孩子是誰的責任？

- 《行政院2018年臺灣地區有配偶或同居者就業率按最小子女年齡與15歲以下子女數分》
- 邱紹雯（2019），〈最新！政院育兒津貼、托育準公共化新制8月上路，圖解秒懂怎麼領〉，原始出處：親子天下。
- 婦女新知基金會（2019），〈性別觀點之托育議題，0－6歲孩子國家養的政策可行嗎？〉。
- 《行政院2020年15－64歲婦女生活狀況調查報告》

第5課
月經稅——一場「寧靜」的流血革命

- 羊正鈺（2017），〈你聽過Period Poverty（月經貧窮）嗎？財政部擬年編1.7億專款回饋女性〉，原始出處：關鍵評論網。
- 艾莉絲．迪艾波（2018），《月經不平等：一段女性身體的覺醒之路》，木馬文化。
- Jen Chen（2020），〈蘇格蘭立法提供免費衛生棉——是世界先驅，還是政治正確、硬要扯性平的「女性福利」？〉，原始出處：換日線。
- BBC中文網（2020），〈月經貧困：蘇格蘭通過立法，將率先為全民免費提供生理期用品〉。

第6課
女性的權益vs胎兒的生命
——墮胎爭議中的道德兩難

- V太太（2019），〈V太太：台灣反墮胎運動背後的真心話——女人有怎樣的天職？〉，原始出處：端傳媒。
- 陳文葳（2019），〈美國「子宮法律戰」：瀕死的墮胎權與《羅訴韋德案》？〉，原始出處：轉角國際。

第7課
清官難斷家務事——通姦罪在臺灣

- 張子午（2020），〈通姦除罪化：橫跨二十年的挑戰，兩代法官接力點燃釋憲引信〉，原始出處：報導者。

第8課
跨性別權益——容易被遺忘的非二元性別權益

- 內政部（2013），《各國跨性別登記制度》。
- 劉芝嘉（2019），〈2019年，全球跨性別運動已經走到哪一步？〉。原始出處：女人迷。
- 徐志雲（2020），〈認識跨性別者（T）及其處境〉，《行政院多元性別權益保障種子訓練教材》。
- 管中維（2021），〈跨性別者申請男變女無手術證明勝訴　伴盟籲內政部撤函釋〉。
- 社團法人台灣同志諮詢熱線協會（n.d.），〈什麼是跨性別（Transgender）？〉。

第9課
網路色情與性暴力犯罪
——從韓國「N號房」事件談起

- Phoebe（2019），〈具荷拉的死，從來都不只是憂鬱症，還有背後被縱容的厭女文化〉，原始出處：女人迷。
- 賈婉琳（2020），〈【N號房】從性罪案爆發　看韓國的法律漏洞〉，原始出處：香港01。
- 江鎬佑（2020），〈如果「N號房事件」發生在台灣，現行法制足以保護被害人嗎？〉，原始出處：法律白話文運動。
- 法操司想傳媒（2020），〈從韓國N號房事件　看臺灣的兒少性剝削防治！〉，原始出處：法操follow。
- 李福源（2020），〈疑多次輕判性罪犯40萬人施壓成功換掉N號房主審法官〉，原始出處：香港01。
- 李慈媛（2020），〈韓國「N號房事件」：從父權到厭女，「27萬名趙主彬」能夠繩之以法嗎？〉，原始出處：關鍵評論網。

● 楊虔豪（2020），〈【N號房未曝光內幕4】「色情影片誰都在看」韓法院輕判養出惡魔〉，原始出處：鏡週刊。
● BBC中文網（2020），〈「N號房」事件：韓國再曝大規模性犯罪醜聞，警方批准公布疑犯信息〉。
● 端傳媒（2020），〈晚報：南韓「N號房」網絡性犯罪案，主謀趙主彬被判囚40年〉。
● 《性侵害犯罪防治法》。
● 《中華民國刑法》。

第10課 臺灣媒體發展之路——媒體是資訊守門人還是操弄者？

● 陳炳宏（2012），〈舊聞新知：台灣媒體產業的今昔與未來〉，原始出處：台灣媒體觀察教育基金會。
● 張錦華、鄭秀玲、陳曉宜、黃國昌（2013），〈反媒體壟斷法的關鍵時刻〉，原始出處：台灣媒體觀察教育基金會。

社會運作的基礎：國家政策與個人利益

第11課 吸菸是人權嗎？——無菸世代的不平等

● 黃嵩立、黃怡碧（2012），〈吸菸、自由與社會正義〉，《台灣人權學刊》第1卷第2期。
● 衛生福利部國民健康署（2012），〈弱勢族群是菸害成癮最主要受害者，也是菸捐最重要的受益者！衛生署呼籲：愛他，請勿害他！〉。
● Hannah Ritchie and Max Roser. 2013. Our World in data, smoking. Our world in Data Publishing.
● Yulin（2016），〈【圖輯】六個QA看菸價調漲跟你有什麼關係？〉，原始出處：關鍵評論網。
● CDC. 2019. Youth Tobacco Use Infographics.
● Leonie Brose. 2019. Who are the smokers that haven't quit?.BBC News Publishing.
● Office of national statistic／Adult smoking habits in the UK: 2019
● 世界衛生組織，《FCTC菸草控制框架公約》
● 林彥臣（2019），〈高嘉瑜提案「騎樓全面禁菸」規劃定點設置吸菸室〉，原始出處：ETtoday新聞雲。
● 涂葦慈、陳鈺中、劉信秀（2020），〈不願讓你吸二手菸 但我無處可去〉，原始出處：聯合報願景工程。
● 〈癮君子必見！日本實施的《改正健康增進法》對吸

煙者有何影響？在日吸菸族必知的品牌、規定、禮儀統統告訴你！〉，原始出處：日本訊息（2021）。
● 董氏基金會，華文戒菸網。

第12課 不爽就可以罷工嗎？——罷工的合法程序

● 蔡琮浩（2019），〈公共運輸業罷工預告期之問題研析〉，原始出處：立法院議題研析。
● 陳柏謙（2019），〈台灣勞工行使爭議權的崎嶇道路——從機師與空服員罷工談起〉，《台灣人權學刊》第5卷第2期。
● 劉梅君（2020），〈勞動三權的昨日今生：兼淺談台灣罷工行動的若干爭議〉，《台灣人權學刊》第5卷第3期。
● 勞動部，勞動統計資訊網。
● 國際勞工組織勞資關係法律資料庫。
● 國際勞工組織統計資料庫。

第13課 軍中的特別權力關係——臺灣軍事審判

● 李麒（1998），〈由釋字第四三〇號解釋論軍事勤務關係之定位——從特別權力關係至特別法律（身份）關係〉，《軍法專刊》第44卷第2期。
● 廖聖民（2007），《論軍事審判權》，《司法新聲》。
● 李念祖（2013），〈軍事審判，唯應以個案法治正義為目的——洪仲丘案的啟示〉，《台灣法學雜誌》第230期。
● Dovydas Vitkauskas Grigoriy Dikov.2017. Protecting the right to a fair trial under the European Convention on Human Rights: A handbook for legal practitioners. Council of Europe Publishing.
● 《歐洲人權公約》。

第14課 經濟振興與紓困——危難下的國家經濟與財政政策

● 大英百科網站：The New Deal
● 經濟部，因應COVID-19紓困輔導專區。
● 經濟部中小企業處，振興三倍券專區。

第15課 健康風險誰來負擔——健保與社福制度的困境

● 王允翬（2015），〈在全民健保之外——各國健康照護制度簡介〉，《陽明醫聲》第二十一期。
● 報導者（2020），〈健保的崩時代——低薪、高齡夾擊下，財務制度、醫療場域新危機〉系列專題。
● 行政院，社會保險。
● 衛生福利部中央健康保險署。

第16課
能源轉轉轉——臺灣能源轉型怎麼運行？

- 立法院（1980），〈《能源管理法》議案關係文書〉。
- Solomon, B. D., & Krishna, K.2011. The coming sustainable energy transition: History, strategies, and outlook. Energy Policy Publishing.
- 范玫芳、林宗德、李河清、陳永平、陳榮泰（2014）編，《公民能不能？⋯能源科技、政策與民主》，交通大學出版社。
- 林育立（2017），《歐洲的心臟：德國如何改變自己》，衛城出版。
- 李建興（2018），〈台灣海峽的綠金寶藏〉，《遠見雜誌》第380期。
- 臺灣大學風險社會與政策研究中心（2019），《日常生活的能源革命：八個臺灣能源轉型先驅者的故事》，春山出版。
- 劉芝君（2019），〈陸上水間，為新能源探路〉，《豐年雜誌》第69卷第8期。
- 陳映璇（2020），〈全球規模最大！台積電買920MW離岸風場綠電，找上丹麥風電龍頭簽約20年〉，原始出處：數位時代。
- 蔡佳珊（2020），〈【重磅調查】光電侵農大調查，直擊上百案場，揭發四大亂象〉，原始出處：上下游。
- 王奕陽、王瑞庚、能源資訊組（2021），〈2020台灣能源情勢回顧〉，原始出處：國立臺灣大學社會科學院風險社會與政策研究中心。
- 國際可再生能源機構（IRENA），Energy Transition.

第17課
公共住宅政策——新加坡如何落實「居者有其屋」？

- 社會住宅推動聯盟（2010），〈什麼是社會住宅Q&A〉。
- 邱大昕、羅淑霞（2011），〈鄰避與被鄰避：身心障礙機構與設施抗爭處理經驗之研究〉，《社會政策與社會工作學刊》第15卷第1期。
- 顧長永（2011），〈新加坡公共住宅政策的實踐與爭議〉，《2011年台灣房地產年鑑》，行義文化出版。
- 謝征達（2013），〈新加坡組屋隨談系列（一）歷史篇：從李光耀與「居者有其屋」談起〉，《東方日報》（馬來西亞）。
- 林益厚、廖美莉（2016），〈談社會住宅之政策意義〉，財團法人都市更新研究發展基金會。
- 林倖如（2017），〈社會福利設施之鄰避紛爭處理方法——兼介紹日本鄰避設施之居民合意形成程序〉，《法令月刊》第68卷第2期。
- 黃維德（2017）編譯，〈為何80%的新加坡人住在公共組屋？〉，《經濟學人》。

- 張雲淞（2018），〈如果你想在新加坡租屋，首先一定要認識什麼是「ＨＤＢ」〉，原始出處：關鍵評論網。
- 廖庭輝（2020），〈租金近5萬的「社宅」：包租代管政策，到底出了什麼問題？〉，原始出處：聯合新聞網鳴人堂專欄。
- 行政院新聞傳播處（2020），〈20萬戶社會住宅，穩步達成中〉。

第18課
稅賦制度背後的貧富差距掀起革命？——法國黃背心運動啟示錄

- 李忠謙（2018），〈讓馬克宏不得不低頭的「黃背心之亂」：6個QA看懂法國近年最大抗爭〉，原始出處：風傳媒。
- Chih-Chen Huang（2018），〈黃背心（gilets jaunes）事件時間軸與輿論〉。
- 簡恒宇（2018），〈法國黃背心之亂，馬克宏決定不漲燃料稅了！法國總統成眾矢之的，就是因為這兩個原因〉原始出處：風傳媒。
- 林深靖（2019），〈全國大辯論：法蘭西的民主實驗〉，原始出處：獨立評論@天下。
- Sophie Amsili. 2018. Que veulent vraiment les « gilets jaunes » ? Les Echos.

第19課
民主轉型大卡關——當「發大財」，遇上「不公平」

- 侯淑雲（1995），〈智利經濟發展策略之演變（一九七三年至一九八九年）〉，淡江大學拉丁美洲研究所。
- 羊正鈺（2016），〈經濟學人「靠關係才能賺錢」指數：台灣超越中國、排名全球前10〉，原始出處：關鍵評論網。
- 沈榮欽（2017），〈沈榮欽：台灣的裙帶資本主義，與民主制度制衡的可能〉，原始出處：端傳媒。
- 鎮宏、七號（2019），〈重磅廣播／戒嚴七日的智利：從總統痛罵的暴民戰爭，到認錯的獨立調查委員會〉，原始出處：轉角國際。
- 徐子軒（2019），〈都是「民主」惹的禍？智利奇蹟的轉型大卡關〉，原始出處：轉角國際。
- 洪怡霖、許懿安（2019），〈【獨立調查】聯合國報告：智利過度武力鎮壓示威　軍警涉性暴力〉，原始出處：香港01。
- 轉角國際（2019），〈智利首都戒嚴：從捷運漲價到軍隊開火的地獄路，已知八死一千五百人被捕〉。
- ＢＢＣ中文網（2019），〈全球抗議不斷　智利和玻利維亞政局變天背後的原因〉。
- ＢＢＣ中文網（2019），〈2019示威之年：從香港到智利下一步何去何從〉。

- 轉角國際（2020），〈給我一部「砍掉重練」的反威權新憲法？智利通過的歷史性公投〉。

第20課 資訊是一種武器？——從假新聞到認知作戰

- 沈伯洋（2021），〈中國認知作戰領域模型初探：以2020台灣選舉為例〉，《遠景基金會季刊》第二十二卷第一期。

地球村的挑戰：全球化與自由不平等

第21課 網路學習時代的城鄉差異——臺灣數位落差情況

- 李妍潔（2018），〈有錢家孩子不玩iPad？數位落差有新定義〉，原始出處：udn倡議家。
- 馬國勳（2019），〈「量」的數位落差，「質」的數位落差，以及由家庭所傳承的數位文化資本〉，原始出處：巷仔口社會學。
- 財團法人台北市公民教育基金會（2020），《2020臺灣網路報告》。
- 德國之聲（2021），〈世界經濟論壇報告：新冠疫情曝露數位落差，恐加重「青年幻滅」〉，原始出處：風傳媒。

第22課 世紀大缺水——水資源去哪了？

- 周桂田、曾玟學（2017），〈氣候變遷與耗水產業雙人舞：水資源治理之路徑依賴分析〉，《思與言》第55卷第1期。
- The Guardian（2017）. Indian traders boycott Coca-Cola for 'straining water resources'. The Guardian Publishing.
- 中央社（2020），〈葉門僅1／3人口有自來水，洗手防疫都奢侈〉。
- 艾莉絲．奧賓尼亞（2020），〈引發中國、印度衝突的水資源危機〉，原始出處：聯合新聞網。
- 經濟部水利署（2020），臺灣水資源智慧調控與安全管理。
- National Geographic.2020. The Leaky Boot: Where is Italy's Water Going?
- 黃昭勇（2021），〈降雨創52年新低，限水恐成新常態，但台灣為什麼缺水？〉，原始出處：CSR@天下。
- 陳詩童（2021）編譯，〈全球大缺水 預計2050年世界一半以上人口活在缺水地區〉，原始出處：公視新聞網。
- 紐約時報中文網（2021），〈乾旱危機中的台灣：保晶片廠供水，停農田灌溉〉。
- 中央社（2021），〈去年全台水庫清淤量創新高 抗旱之餘大力清淤〉。
- 經濟部水利署（2021），自來水用水量統計。
- BBC (2021) . Why the world should pay attention to Taiwan's drought.
- United Nations .2021. UN World Water Development Report 2020 'Water and Climate Change'.
- Council on Foreign Relations .2021. Water Stress: A Global Problem That' s Getting Worse

第23課 野火燒不盡——全球森林大火的威脅

- Jack Goodman & Olga Robinson. 2019. Forest fires: Are they worse than in previous years? BBC.
- Abby Huang（2019），〈「地球的肺」在燃燒：巴西今年火災超過7萬起，總統怪「可能是NGO放火」〉，原始出處：關鍵評論網。
- 綠色和平（2019），〈全球森林大火四起，守護氣候需要你〉，原始出處：綠色和平——臺灣。
- 藍之青（2019），〈被遺忘的報導：巴西「亞馬遜雨林大火」，後來呢？〉原始出處：轉角國際。
- Tess Joosse （2020）. Human-sparked wildfires are more destructive than those caused by nature. Science.
- 王思淳（2020），〈一場揭露性別派對引爆野火8人不幸喪命　加州當局：將追究責任！〉，原始出處：新頭殼。
- 廖靜蕙（2021），〈向山致敬該追討責任了　玉山大火之後　山友自律與山林教育如何補救？〉，原始出處：環境資訊中心。

第24課 假新聞與媒體識讀——網路時代的必備技能

- 黃柏偉（2015），〈臺中市國中生媒體識讀能力調查研究〉，逢甲大學公共政策研究所。
- 簡瑋成（2019），〈各國培育學生媒體素養之策略〉，《國家教育研究院電子報》第188期。
- 許伯崧（2019），〈外交官之死：失控的假新聞，我們反省夠透徹了嗎？〉，原始出處：聯合新聞網鳴人堂專欄。

第25課 反境外勢力——爾虞我詐的國際攻防與角力

- BBC中文網（2018），〈澳洲通過「反外國干預法」：中澳關係何去何從〉。
- 宋承恩（2019），〈當媒體自由侵蝕民主，論媒體外國代理人登記制度〉，原始出處：思想坦克。
- 黃恩浩（2020），〈美國《外國代理人登記法》之精神與重點〉，原始出處：台灣新社會智庫。
- 《反滲透法》。

第26課 全球化下的「外出打工族」——移工福祉與工作權

- 中央社（2019），〈外勞更名為移工　徐國勇：帶動友善與包容〉。
- 勞動部勞動力發展署（2020），移工工作政策。
- 方念華（2021），〈人口負成長下之新經濟移民法制研析〉，原始出處：立法院議題研析。
- 張子清（2021），〈脫歐後歐盟勞工短缺　英國好花無人摘〉，原始出處：中央廣播電臺。
- 勞動部勞力發展署，外國人在臺工作服務網。
- 《就業服務法》。
- 《外國專業人才延攬及僱用法》。

第27課 經濟版圖大風吹——貿易戰與貿易協定

- BBC中文網（2016），〈分析：中國鋼鐵業「產能過剩」的四個關鍵詞〉。
- 徐子軒（2018），〈巴基斯坦的中國網羅（上）、（下）：「一帶一路」的剝削陷阱？〉，原始出處：轉角國際。
- 黃登興（2021），〈中美貿易戰的根源與新保護主義之挑戰〉，《中研院訊》。
- 經濟部國際貿易局，經濟貿易網。

第28課 是移民還是難民？——歐洲移民爭議

- 蔡孟翰（2015），〈無國界的漂流者——國際法的難民規範〉，原始出處：法律白話文運動。
- 顏思妤、施又熙（2017），〈【難民無國籍專題】之一：《難民地位公約》說了什麼？〉，原始出處：台灣人權促進會。
- 孫國祥（2018），〈歐盟峰會後的難民問題發展〉，《全球政治評論》第63期。
- 楊智強（2019），〈真的假的？台灣無「法」提供難民政治庇護？〉，原始出處：報導者。
- 邱惠鈺（2020），〈非洲難民船引擎爆炸45人罹難　2020年地中海死亡人數最多的船難〉，原始出處：上報。
- 香港01評論編輯室（2020），〈歐盟或推強制配額計劃　難民爭議從此告一段落？〉。

- 歐洲聯盟議會（2020），〈EU asylum reform〉。
- 廖綉玉（2021），〈破碎的夢土：歐洲國家利用高科技工具監控難民〉，原始出處：風傳媒新新聞。

第29課 「貧窮」與「脫貧」——如何思考貧富不均的本質？

- 羅伯特．普特南著、李宗義、許雅淑譯（2016），《階級世代：窮小孩與富小孩的機會不平等》，群學出版。
- 藤田孝典著、吳怡文譯（2016），《下流老人：即使月薪5萬，我們仍將又老又窮又孤獨》，如果出版社。
- 奇斯．裴恩著、李宛蓉譯（2018），《破梯效應：社會就是地位的階梯，比較的結果決定處境，我要跟誰比，才有實質效益而非打擊？》，大是文化。
- 藍佩嘉（2019），《拚教養：全球化、親職焦慮與不平等童年》，春山出版。
- 詹姆士．布拉德渥斯著、楊璧謙譯（2019），《沒人雇用的一代：零工經濟的陷阱，讓我們如何一步步成為免洗勞工》，遠流出版社。
- 劉沛蓁（2019），〈沒有赤貧且少低收ＣＳ－Ｓ統計台灣中產階級表現亞洲最強〉，原始出處：新頭殼Newtalk。
- 羅芳妤（2019）編譯，〈十分之一工作人口都在打零工！英國勞工為何被「用完即丟」〉，原始出處：聯合新聞網。
- Leo Chu（2020），〈零工經濟用「快錢」當誘因，可能造成更大的集體貧窮問題〉，原始出處：關鍵評論網。
- 田孟心（2021），〈零工經濟的動盪？Uber將在英國提供司機基本工資、退休金和有薪假〉，原始出處：天下雜誌。

第30課 通往理想未來的路標——SDGs永續發展目標

- 林郁倫（2017），〈「進步」的社會從何判斷？趙家緯：「落實ＳＤＧs，公民社會有3大著力點！」〉，原始出處：NPOst公益交流站。
- Apple Inc（2020），2019環境進度報告。
- 行政院國家永續發展委員會（2020），《2019臺灣永續發展目標年度檢討報告》。

迎向更美好的未來：政治與法律制度

第31課
世界轉型正義史——釐清歷史，邁向未來

- Judith N. Shklar.1989. “The Liberalism of Fear.” in Liberalism and the Moral Life
- Ruti G. Teitel.2000. Transitional Justice. New York: Oxford University Press
- 黃丞儀、劉芳瑜、葉虹靈、邵允鍾（2016），〈從他國經驗思索台灣轉型正義道路〉，台灣民間真相與和解促進會、衛城出版、報導者合作專題
- 劉芳瑜（2017），〈談東歐轉型正義與除垢法：民主價值不接受以報復為目的制定的法律〉，原始出處：關鍵評論網。
- 羅元祺（2019），〈逐漸黯淡的曼德拉光環：南非執政黨25年來跟白人和解了嗎？〉，原始出處：關鍵評論網。
- 陳昱齊（2020），〈臺灣轉型正義資料庫，開啟了「加害者」的討論大門〉，原始出處：思想坦克。

第32課
威權與民主——兩者之間的距離有多遠？

- 徐斯儉（2007），〈民主化的陷阱：從威權走向假民主〉，《中央研究院週報》第1133期。
- 林彥佑（2017），〈擺盪於民主與威權之間：混合政體之研究〉，國立臺灣師範大學政治學研究所
- The Economist Intelligence Unit.2021. Democracy Index 2020: In sickness and in health?

第33課
民主內涵與「投票」——民主機制的多元設計

- 沈有忠（2005），〈制度制約下的行政、立法關係：以我國九七憲改後的憲政運作為例〉，《政治科學論叢》第23期。
- 葉浩（2016），〈同床異夢的民主與民粹——川普時代的左派進步價值何去何從？〉，原始出處：報導者。
- 孔德廉（2020），〈真的假的？罷免制度不是多數民主國家的常態？〉，原始出處：報導者。

第34課
美國總統是怎麼選出來的？——贏者全拿的選舉人團制度

- 國家發展委員會檔案管理局（2008），〈人民頭家——公民直選總統〉。
- 珈熒（2019），〈《歷史上的今天》民選總統不是你想要就有？〉，原始出處：法律白話文運動。

- 王穎芝（2020），〈《美國總統大選Q&A》10個問題搞懂「選舉人團」制度！〉，原始出處：風傳媒。
- 馮卓健（2020），〈美國建國先賢是如何討論出獨一無二的「選舉人團」制度？〉，原始出處：關鍵評論網。

第35課 人民參審會帶來民粹的正義嗎？——國民法官制度上路

- 中央社（2020），〈國民法官法爭議一次看懂〉
- 中央社（2020），〈國民法官法三讀　人民將與法官共同審判刑案〉
- 司法院，「國民法官一起審判」網站。
- 美國聯邦司法機構網站：陪審團公民服務（Website of the Federal Judiciary of the United States - Jury Service）。

第36課 鼓勵女性參與政治——國會殿堂的性別平權

- 胡藹若（2004），〈論我國婦女保障名額制度——1949年以來的變遷〉，《復興崗學報》第82卷。
- 張文貞（2006），〈公民複決修憲在當代憲政主義上的意涵〉，《台灣民主季刊》第3卷第2期。
- 楊芬瑩（2016），〈女總統之後的性別平權〉，原始出處：報導者。
- 婦女新知基金會（2018），〈地方選舉制度應盡速修法——鼓勵女性參政，保障性別平等〉。
- 張郁婕（2019），〈新法上路後首次試水溫，淺談日本「候選人男女平等法」〉，原始出處：石川カオリ的日本時事まとめ翻譯。
- 張郁婕（2019），〈【2019日本參議院大選】「候選人男女平等法」新法上路又怎樣，開票結果還不是一樣〉，原始出處：石川カオリ的日本時事まとめ翻譯。
- nippon.com（2019），〈女性国会議員比率、193カ国中165位：G20諸国で最下位〉。
- 蕭長展（2020），〈2020新國會數據解析：臺灣女性立委逾四成亞洲最高、中國國民黨平均57歲最高齡〉，原始出處：沃草Watchout。
- 吳邦瑀（2020），〈從婦女保障名額到性別比例原則〉，原始出處：網氏／罔市女性電子報。
- 陳紫吟（2020），〈立院平權如何落實？比婦女保障名額更積極的「群體代表權」〉，原始出處：沃草烙哲學。
- 陳是祈（2020），〈日國會推性別平等　盼女性成員佔35%〉，原始出處：台灣醒報。
- 人權公約施行監督聯盟（2020），〈【美國女性投票權（Suffrage）100周年紀念專刊】下篇：國會女性席次「亞洲第一」的台灣，女性參政權利夠平等了??〉。
- 周芷萱（2021），〈周芷萱專欄：不分區立委的婦女保障名額是過度保護？男女參政機會已經平等了嗎？〉，原始出處：太報。

第37課
修憲不修憲——臺灣憲政變遷走向何方？

- 蘇子喬（2017），〈南韓與臺灣憲政體制之比較——「形異實同」的憲政體制〉，《中研院法學期刊》第20期。
- 林子儀、葉俊榮、黃昭元、張文貞（2017），《憲法：權力分立（修訂三版）》，新學林出版。
- 林承勳（2018），〈緣分到了，臺灣就會更民主？——蘇彥圖的民主改革政治研究〉，原始出處：中研院研之有物。
- 王泰升（2019），〈近代西方憲政體制的到來〉，《多元法律在地匯合》，國立臺灣大學出版中心。
- 李惠宗（2019），《憲法要義（八版）》，元照出版。
- 王泰升（2020），《台灣法律史概論（六版）》，元照出版。
- 立法院，立法院議事及發言系統。
- Constitute：https://constituteproject.org/?lang=en

第38課
小國無外交？——強權政治下的小國邦交

- 施正鋒（2017），〈國際政治中的小國〉，《台灣國際研究季刊》第13卷第4期。
- Yichen Wang（2020），〈我們與戰爭有多遠？霸權間的小國戰略（專訪吳玉山院士）〉，原始出處：中研院研之有物。

第39課
不只是個人的個人隱私——跨越國界的資訊安全

- 高敬原（2018），〈沒有人是局外人！史上最嚴個資法衝擊全球，帶你搞懂什麼是GDPR〉，原始出處：數位時代。
- BBC中文網（2021），〈華為中興TikTok：被特朗普打壓的中國公司境遇迥異〉，原始出處：BBC中文網。
- Cisco（n.d.），〈什麼是資訊安全？〉

第40課
瘟疫與國家治理——傳染病大流行下的社會

- George H. Kerr著，陳榮成譯（2003），《被出賣的台灣》，前衛出版社。
- 戴倫．艾塞默魯、詹姆斯．羅賓森著，吳國卿、鄧伯宸譯（2013），《國家為什麼會失敗：權力、富裕與貧困的根源》，衛城出版。
- 簡妤儒（2014），〈看見社會，在瘟疫蔓延時〉，原始出處：巷仔口社會學。
- BBC中文網（2020），〈歷史上幾次傳染病大流行是怎麼結束的〉。
- Fareed Zakaria著，盧靜、廖崇佑、廖珮杏、劉維人譯（2021），《後疫情效應》，天下文化。
- Esmé Berkhout et al. 2021, “The Inequality Virus: Bringing together a world torn apart by coronavirus through a fair, just and sustainable economy”, Oxfam International.

國家圖書館出版品預行編目資料

寫給公民的40堂思辨課/公民不下課著. -- 初版. --
臺北市：平安文化, 2022.02
面； 公分. --（平安叢書；第705種）（我思；7）
ISBN 978-986-5596-58-3（平裝）

1.CST: 公民教育

528.3 111000197

平安叢書第705種
我思 07

寫給公民的40堂思辨課

作　　者—公民不下課
發 行 人—平　雲
出版發行—平安文化有限公司
臺北市敦化北路120巷50號
電話◎02-27168888
郵撥帳號◎18420815號
皇冠出版社(香港)有限公司
香港銅鑼灣道180號百樂商業中心
19字樓1903室
電話◎2529-1778　傳真◎2527-0904
總 編 輯—許婷婷
執行主編—平　靜
美術設計—嚴昱琳
行銷企劃—許瑄文
著作完成日期—2021年
初版一刷日期—2022年2月
初版四刷日期—2023年6月
法律顧問—王惠光律師

讀者服務傳真專線◎02-27150507
電腦編號◎576007
ISBN◎ 978-986-5596-58-3
Printed in Taiwan
本書特價◎新臺幣399元/港幣133元